執事手冊

Deacon's and Deaconess's Handbook

前言

　　本書是基督復臨安息日會（以下簡稱復臨教會）「全球
總會傳道協會」為地方教會事工出版的一系列手冊中最新的
一本。第一本是《牧師手冊》，說明及指引地方教會牧師之
職責。第二本是《長老手冊》，提供地方教會的長老之工作
大綱，本手冊《執事手冊》則是有關復臨教會男女執事之事
工，這三本手冊都是根據復臨教會所出版的《教會規程》中
有關復臨教會基本信仰的方針。希望這三本手冊能對牧師、
長老、男女執事們在地方教會日常事工的推動上所有裨益。

　　雖然這本《執事手冊》有很多人參與計劃、撰寫、編輯
和出版，但其主要工作仍由全球總會傳道協會負責。復臨教
會全球總會傳道協會辦公室職員——瓊安斯・愛瑞斯、羅
伯・柯斯塔、阿非杜・卡西亞-馬瑞柯、威利・漢克斯二世，
安東尼・肯特、德瑞克・摩瑞斯、珍娜・佩姬和傑瑞・佩姬
——他們負責最終版本之修訂、校對、完稿、製作。而《傳
道者》雜誌的顧問編輯約翰・福樂牧師，則負責主要的執筆
及編輯。

我們很感謝南美分會出版第一本葡萄牙文的男女執事手冊。透過該手冊的撒種,為本書提綱契領,使我們得以發展出這本手冊。本手冊是根據《聖經》原則、懷氏著作及《教會規程》等資料編寫,希望這本手冊能幫助所有的男女執事及神職人員支持地方教會活動的計畫、執行,以及福音的推動,而這也是早期教會設立男女執事的最初目的。

本手冊中多半是指導及建議執事們在推動事工時的方法和過程。然而,事工本身不僅是一些方法、過程而已,它還需要與我們的救主建立持久的關係,在教會團契裡榮耀祂的名,完成主對教會的心願,「凡事都要規規矩矩地按著次序行。」(哥林多前書 14:40)

願這本手冊成為所有男女執事的福惠,堅固他們的事工,讓「上帝的道」能「興旺起來,使門徒加增甚多。」(使徒行傳 6:7)

復臨教會全球總會
傳道協會部副幹事
瓊安斯・愛瑞斯
2015 年 7 月 1 日

CONTENTS 目錄

第 1 章

男女執事的事工：
《聖經》的根據

THE MINISTRY OF DEACONS
AND DEACONESSES:
BIBLICAL FOUNDATION

　　執事（deacon）一詞源自希臘文的 diákonos，在《新約聖經》中用來描寫僕人、助手、隨從或跟班的工作。保羅或許是第一位用這個詞來指稱新成立教會某個職分之人，正如他在腓立比書 1：1；提摩太前書 3：8，10 － 11 所述。但是執事的工作在新約教會首次初現的地方，是在哪裡呢？其工作又是如何做呢？

　　這個答案要追溯到五旬節後早期教會快速發展的成果，大批的信徒湧入了教會（記載在使徒行傳第 6 章）。有些學者根據使徒行傳第 6 章的描述，估計耶路撒冷的教會約有兩萬名信徒，這些信徒由不同文化的人組成，有說希伯來語的猶太人及說希臘語的希利尼人，這是當時的兩大主要族群。大部分的信徒都是窮人，教會設立了關懷事工來供應他們的需要，其中包括食物發放。

　　隨著教會不斷成長，照顧窮人的組織紛紛建立，使徒們面臨了一個特殊難題：比起猶太寡婦所受到的廣泛照顧，教會裡的希臘寡婦認為她們被忽視了。這些問題不止出現在她們的生活需要上，還慢慢地侵蝕了教會屬靈的功能。懷愛倫描寫當時的情況，她寫道：「仇敵（撒但）順利地使那些過

去慣於嫉妒其他弟兄，並在屬靈領袖身上找錯的教友之間引起猜疑。」──懷愛倫著，《使徒行述》第 67 頁，1995年版。

　　使徒意識到情況的嚴重性，便建議教會設立一個團隊，由一群屬靈成熟的人專門處理新教會中教友的重要需求。這樣就可以讓使徒專心於他們的主要使命上：「專心以祈禱，傳道為事。」（使徒行傳 6：4）這個提議很快就得到教會的認同，經過恆切禱告後，他們揀選出七位滿有信心的人。使徒分別按手為他們禱告，而司提反就是其中一位「大有信心，聖靈充滿的人」（使徒行傳 6：5），他除了大有能力傳講上帝的話之外，也是第一位為耶穌基督殉道的人（使徒行傳第 7 章）。腓利（使徒行傳 8：5）是後來主派去撒馬利亞傳福音的人（使徒行傳 8：4－6），他也向一位衣索匹亞的官長傳福音，並去到該撒利亞（使徒行傳 8：26－40）。

　　這些被揀選出來的執事，忠心、負責、正直、聖靈充滿、滿有智慧，專門照管上帝子民組成教會時所持續增長的大量需求。根據使徒行傳 6：3－6，使徒按手為他們禱告，便

是服事的一部分。這個動作源自於古老的希伯來習俗。他們公開宣布這個信仰團體已經揀選一些領袖，來履行該團體領導及服事應做的特定工作。

今天復臨教會仍延用這套揀選和按手執事的方式。《教會規程》提到，「初次當選的新執事，必須由持有區會有效證書的牧師為他施行按手禮，將他分別為聖，然後方可就職。」《教會規程》第83頁，2006年版。

《教會規程》也提到，「為執事按手的神聖儀式，應由一位牧師主持，在會眾面前舉行。……倘若需要，可由一位長老從旁協助，先禱告，再行按手禮。」《教會規程》第83頁，2006年版。

從僕人到執事

在使徒行傳6：2中，希臘文的「僕人」就是執事diákonos，這個字也被譯為「桌邊服務生」，然而這個翻譯卻引起大家對這個名詞的某些爭議。但是在《新約聖經》中希臘文的「服事」和「去服事」都是來自這個字根diakneō，顯然地這個字是指多種不同的服務，所以「執事」

一詞也代表了有關教會許多不同種類的服事。

在希臘文用法中，diakonia 代表著不同種類的服務，就像英文 service，用來表達多種服務的意思是一樣的。diākonos、diakoneō 和 diakonia 這些字有很廣泛的意思，但是總括來說，其意思就是滿足別人需要的一種服務。這些字在《新約聖經》中至少用了上百次，它們在英文上大多譯成 serve 或 minister。而在英文版《新欽定本聖經》的某些地方中，希臘文 diakonia 譯成 administration（行政、管理），例如哥林多前書 12：5 和哥林多後書 9：12 中它便是指「職事」和「供給」，但在使徒行傳 11：29 也指 relief（供給）。不論是在這些章節或《新約聖經》其他地方，它們的用法主要還是指「去服務，服事」的意思。

女執事

不是只有男人才在教會裡服事，保羅在他的書信中也提到好幾個為教會服事的婦女們。羅馬書 16：1－2 便提到非比是一位 diakonon（執事），這個字和使徒行傳中描寫七個執事是同一個字。

在腓立比書4：2－3，保羅要求信徒幫助兩位和他一起工作的婦女——「友阿蝶」和「循都基」——並接受她們為同工，保羅對待她們，正如他要求其他信徒在事工上協助他一樣。

《聖經》贊成女執事們主動參與教會的服事。保羅描寫她們的品格應該和她們的服事一樣高貴，「女執事也是如此：必須端莊，不說讒言，有節制，凡事忠心。」（提摩太前書3：11）保羅在這裡強調婦女在教會的角色，她們不只代表了丈夫，更是教會中的「僕人」。

《聖經》中記載婦女當女執事的事情並不多，但是屬靈的見證及《聖經》以外的很多來源，都指出女執事在基督教會成長過程中扮演著非常重要的角色。她們為很多婦女服務，尤其是為那些貧窮或生病的人，她們服事的事蹟都記錄在好幾世紀的教會歷史中。

婦女事工對復臨教會的發展有很大的貢獻。在這裡要特別提到懷愛倫女士，上帝揀選她並賜予她有預言的恩賜，進而可以指導、建議並帶領本會經歷初期建立教會的過程。其

他幫助早期復臨教會的婦女們還有賽瑞塔・瑪蓮達・愛瑞許・亨利（Sarepta Myrenda Irish Henry）、安娜・史密斯（Anna Smith），還有其他遵循《聖經》僕人式教導的人。的確，我們的信仰因受到上帝及這些婦女在早期教會牧養及服事的帶領而蒙福。

司提反是早期教會揀選的第一批執事之一。他的一生說明了應該揀選什麼樣的人來擔任這個重要事工的職位。他也被描述為一位「滿有信心及能力」，又「在民間行了大奇事和神蹟」（使徒行傳 6：8），並且「聖靈充滿」的人（使徒行傳 6：5），其意思是指司提反經歷到使徒所說的聖靈果子，「仁愛、喜樂、和平、忍耐、良善、恩慈、信實、溫柔、節制。」（加拉太書 5：22 － 23）

雖然司提反是一個滿有信心和屬靈的人，但他卻沒有認為他的能力及權威高過其他的領袖。他深獲會眾擁戴，但不會利用它去駕馭教會或高抬自己，只會讓上帝使用他為主作工。關於司提反，懷師母說：「司提反，七執事之首，是一個極其虔誠而富有信心的人。他雖然生來是猶太人，但能說希利尼語，並熟悉希利尼人的風俗習慣。因此他常有機會到

說希利尼話的猶太人會堂裡宣講福音。他在基督的聖工上非常活躍，並大膽傳講自己所信仰的道。富有學問的拉比與律法師起來和他公開辯論，總以為能容易致勝。但『司提反是以智慧和聖靈說話，眾人敵擋不住。』他不但以聖靈的能力說話，而且很明白地顯現出他是研究預言、精通律法的。他有力地為自己所擁護的真理申辯，並徹底擊敗了他的對手。」
——懷愛倫著，《使徒行述》第75頁，1995年版。

　　司提反清楚明白救贖的歷史，正如他在使徒行傳第7章中的演說，以及他完完全全地委身於傳耶穌基督的福音上，這也是作為耶穌的執事應有的態度：相信祂、信靠祂、服事祂，義無反顧地傳揚祂的聖言，宣告祂是世界的救主，然後最終準備好在必要的時刻，為祂獻上自己的生命。所以，執事就是完全獻身給主的人。

基督：服事的完美榜樣

　　是誰設立榜樣，並教導這些早期的信徒去服事別人？答案便是：第一批使徒及門徒。但第一批男女執事又是如何磨練出來的？這要從古老歷史的根源說起，回溯到舊約時代。

先知以賽亞已預言基督要以救主的身分來到世上，祂第一次降臨時是以僕人身分前來。救主描述祂的服事：「主耶和華的靈在我身上；因為耶和華用膏膏我，叫我傳好信息給謙卑的人；差遣我醫好傷心的人，報告被擄的得釋放，被囚的出監牢，報告耶和華的恩年……安慰一切悲傷的人。」（以賽亞書 61：1－2）上帝稱耶穌為「我的義僕使許多人得稱為義；並且祂要擔當他們的罪孽。」（以賽亞書 53：11）耶穌自己也很清楚祂來世上的使命是成為受苦僕人的樣式。有一次在一個場合，祂說：「人子來，不是要受人的服事，乃是要服事人，並且要捨命，作多人的贖價。」（馬太福音 20：28）耶穌在世上的一生，教導人、醫治病人、傳道及服事人，讓他們可以嚐到上帝的愛，被祂吸引。祂的生命是每一個人類渴望的福惠源頭：無論是情感的健康、靈性的醫治、身體的強健、或為上帝服事的訓練，最重要的是，這些引領都是為了要讓每個人都能像祂一樣，成為上帝的兒女。

所以，男女執事的事工及真實的服事觀念，是要將教會與耶穌基督、教會的主及上帝的僕人連結。基督自己指出祂服務的一生就是基督徒效學的榜樣：「你們中間，誰願為大，

就必作你們的用人；誰願為首，就必作眾人的僕人，因為人來，並不是要受人的服事，乃是要服事人。」（馬可福音 10：43 － 45）

耶穌的服事包含了許多面向：餵飽飢餓的人、照顧貧窮的人、醫治生病的人、憐愛小孩、同情寡婦等等，祂滿足人類各種的需要——屬靈的、情感的、精神的，以及肉體的。祂這樣做是為了成就純潔宗教的本質：「在上帝我們的父面前，那清潔沒有玷污的虔誠，就是看顧在患難中的孤兒寡婦。」（雅各書 1：27）祂是所有基督徒的榜樣，特別是男執事和女執事。耶穌為跟從者彰顯了服事的真正意義：它不是權力或掌控，也不是職位及權威，它乃是真實的對上帝及人類的服事。

這種服務導向的男女執事之事工，與長老和牧師之間的關係是互相支持及合作的。這樣的服事對教會的牧養、穩固及增長至關重要。

第 2 章

我們所服事的教會

THE CHURCH WE SERVE

　　為了使男女執事在教會裡能有效地發揮他們的功能，事先瞭解教會的本質和功能是很重要的。本章是從《教會規程》節錄出來有關教會本質和功能的概要，除了節錄《教會規程》之內容，另加了《聖經》及懷氏著作相關支持性的論述。

教會：基督的身體

　　對我們而言，成為上帝教會的子民是一份獨特及滿足心靈的特權。上帝的目的是要從世界各地召聚祂的百姓並連結一起，成為基督的身體，而祂是這個身體的頭。上帝的兒女在耶穌基督裡都是這個身子的肢體。因此，大家彼此有良好的團契，也與主有良好的關係。

在基督裡：沒有隔斷的牆

　　基督藉著祂的教訓和榜樣要教導上帝的真理：在主裡以色列和外邦之間沒有隔斷的牆。（約翰福音4：4－42；10：16；路加福音9：51－56；馬太福音15：21－28）

　　在基督的跟隨者之間也沒有任何種族階級、國籍或膚色的偏好，因為大家都是源自一個血統。上帝的選民都是弟兄

姊妹，是新人類，「在基督耶穌裡都成為一了。」（加拉太書 3：28）

「基督來到世上帶來恩慈和饒恕的信息。祂設立的根基是為猶太人和外邦人，黑人和白人，自由的和為奴的，都連結在同一個身體，彼此都是弟兄姊妹，在上帝的眼裡都是平等的。救主有無限的愛是給每一個人的。」——懷愛倫著《證言》第七卷，原文第 225 頁。

教會：基督最關注的對象

那些在基督裡被呼召成為領袖的人，要「照管上帝的教會」（提摩太前書 3：5）。

「我向我的弟兄姊妹們見證基督的教會，她或許是衰弱或有缺陷的，卻是祂在地上唯一保護及關心的最高目標。祂廣發邀請到世界各地：凡來到祂面前的，祂就拯救到底，不論是祂的任務或是祂的天使會蒙賜予天上的幫助，使每一個願意來到祂面前真實悔改認罪的生靈，祂要親自藉著聖靈帶領他們來到教會中。」——懷愛倫著，《給傳道人的證言》原文第 15 頁。

作為基督的新婦及祂最關注的對象，教會在所有功能上都應該彰顯上帝的吩咐和品格。

組織與權限

教會的組織是基於上帝的原則。「不要讓任何人的看法攪亂你的信仰，或破壞教會中的和諧……天上的上帝是個有次序的上帝，因此祂希望所有的跟隨者也要有條理，有組織以持守次序。」──《證言》第五卷，原文第 274 頁。

教會組織的《聖經》基礎

當上帝呼召以色列的百姓出埃及，並揀選他們成為祂特選的子民時，就為他們預備了一套明確的組織系統來管理生活及宗教兩方面行為的事務。

「以色列人的政體是以組織完善著稱的，這組織的完備平易，同樣令人歎服。上帝一切創造之工的完善和整齊所表現的秩序，都在希伯來的制度中顯明出來了。上帝是威權和政體的中心，祂也是以色列的王。摩西由上帝所委派，成為他們看得見的領袖，並奉祂的名執法，在各支派的長老中選出了七十個人組成議會，於國家一般的事務上輔助摩西。其

次，就是在聖所中祈求耶和華指示的祭司，和各支派的首領或官長。在他們手下還有『千夫長、百夫長、五十夫長、十夫長』（申命記 1：15）；最後，就是為特別的事務而選用的職員。」──懷愛倫著，《先祖與先知》第 359 頁，2003 年版。

新約時代的教會也在她的組織中表現了同樣的完備。基督親自設立教會（馬太福音 16：18），「上帝隨自己的意思把肢體俱各安排在身上了」（哥林多前書 12：18）。祂賦予他們恩賜才幹，發揮適當的功能，將他們組織為一個活的、能運作的身體，而基督是他們的頭。

「正如我們一個身子上有好些肢體，肢體也不都是一樣的用處。我們這許多人，在基督裡成為一身，互相聯絡作肢體，也是如此。」（羅馬書 12：4－5）「祂（基督）是教會全體之首。祂是元始，是從死裡首先復生的，使祂可以在凡事上居首位。」（歌羅西書 1：18）

「恩賜原有分別，聖靈卻是一位。職事也有分別，主卻是一位。」（哥林多前書 12：4－5）

「就如身子是一個，卻有許多肢體；而肢體雖多，仍是一個身子；基督也是這樣。」（哥林多前書 12：12）「你們就是基督的身子，並且各自作肢體。上帝在教會所設立的：第一是使徒，第二是先知，第三是教師，其次是行異能的，再次是得恩賜醫病的，幫助人的，治理事的，說方言的。」（哥林多前書 12：27 － 28）

組織的重要

就像人的身體一樣，除非肢體各司其職、有系統地合一運作，否則是無法存活的，教會也是如此；除非各個成員結合和連於屬靈的身子一起，並按神聖旨意成立的當局指導，行使上帝賦予的責任，共同發揮功能，否則就無法形成一個有生命、能成長及繁榮的教會。沒有組織，就沒有機構或運動能夠成功。國家若沒有組織，就會一片混亂。公司若沒有組織便無法運作。教會若沒有組織，就會瓦解消失。

為了讓教會健康地發展，也為了完成教會的使命——將福音傳到世界的各個角落，基督給教會一個簡單卻很有效的組織系統。要成功達成使命，必須忠心地堅持依循這個神聖的模式。

「有些人相信我們已經接近世界的尾端，每一個上帝的兒女不能只依賴任何的宗教組織。但是我蒙指示也沒有各自獨立這樣的事。」——懷愛倫著，《給傳道人的證言》原文第 489 頁。

「啊，撒但是多麼地開心，假如他的努力能成功：就是當組織是那麼重要時，卻讓人們覺得沒有必要，因為若有組織就更能防止撒但反駁上帝的話，造成混亂最大的力量。我們要保持平衡，我們不要輕易破壞由許多有智慧、細心的人所建立起來的組織，也不要允許那些沒有秩序的擾亂分子控制事工。」——懷愛倫著，《給傳道人的證言》原文第 489 頁。

組織的目的

「當我們的人數增加時，就有證據顯示如果沒有組織，人們就會形成混亂，而且事工無法進展地很成功。為了支持傳道事工，照顧新開工的地區、保護教會和聖工不會受到不良分子的擾擾、維護教會的財產、為了經由出版社發行真理的書籍，還有其他許多理由，組織是絕對必要的。」——懷愛倫著，《給傳道人的證言》原文第 26 頁。

新約教會的模式

　　救主已吩咐教會其使命，就是要將福音傳遍天下（馬太福音 28：19 － 20；馬可福音 16：15），然而傳福音的使命中還包括確保那些接受福音之人的福祉，這其中包含對信徒的牧養及保護，同時也要解決人際關係的問題，因此在這種情況下就需要組織。

　　起初使徒們成立一個議會來領導耶路撒冷教會的活動（使徒行傳 6：2；8：14），但當信徒日益增多，處理日常事務就變得愈發困難，教會便需要指派執事來處理這些事情（使徒行傳 6：2 － 4）。

今日教會的組織

　　復臨教會的管理模式是代表制，即承認教會的權力來自全體教友，透過各級的教會機構選出正式代表，授予執行責任的權力，並指派各機構代表及行政人員管理各級教會機構，這種福音事工的人員任命和管理方式，也是全球各地復臨教會所認可的。

　　「教會每一個教友都有權利在選舉教會行政人員時發

聲。教會選舉區會的行政人員。而區會選出的代表再選出聯合會／分會的行政人員，最後，聯合會／分會所選出的代表再選出全球總會的行政人員。藉著這樣的安排，每個分會、每個機構、每個教會、每一個職位若不是直接選舉，就是藉由代表們來發聲，選出能擔任全球總會重責大任的首長們。」——《證言》第八卷，原文第 236 – 237 頁。

本會行政組織概要

現行復臨教會的組織系統是由以基礎層級組成，即從教友組成的地方教會，往上直到代表全世界各地教會的全球總會：

❶ 地方教會

❷ 地方區會【自養／非自養】

❸ 聯合教會

❹ 聯合會【自養／非自養】

❺ 全球總會及各分會

如此構成的教會組織，以及各層級機構重要性之認可，乃是按著《教會規程》的組織和授權運作。地方教會是由一群在單一定點共同敬拜、團契及見證的教友所組成的。而地方區會是由幾個地方教會組成，來執行監督所屬地方教會的

運作。在地理範圍較大的數間區會，則由全球總會組織成一個聯合教會或是聯合會。全球總會是本會的最高行政機構，由所有的聯合會組成，它的世界性功能則是透過區域性的分會辦公室來推動其聖工。全球總會作為一個全權執行的全球性機構，每年至少開會兩次，進行年度預算的審查、檢討政策，以及推動全球事工、佈道、成長、合一等事務。全球的地方教會則經由一個代表制度於每五年集會一次，稱為「全球總會代表大會」，此會議乃代表了全世界各地教會的聲音。

第 3 章

男女執事的事工：
懷愛倫的觀點

THE MINISTRY OF
A DEACON/DEACONESS:
ELLEN G. WHITE'S PERSPECTIVE

如先前提到，男女執事的事工是從使徒時代開始，且與早期教會各類不同的事工有關。大家都相信執事的工作乃是從蒙主揀選的七個人開始，其中包括司提反和腓利，使徒派他們在耶路撒冷的教會做慈善事工（使徒行傳6：5－7），後來《新約聖經》也提到女執事的服事，例如非比（羅馬書16：1），因此男執事或女執事的事工是源自於《聖經》。他們都是完全獻身且虔敬的人，具備崇高的道德和屬靈標準，自認是上帝的百姓，也因祂的緣故受呼召而擔任教會領袖，充滿智慧和洞察力是這些人的重要特質。以下內容是懷愛倫對男女執事的事工所持之寶貴觀點，摘自懷愛倫的《使徒行述》一書。

那些日子，當門徒的人數大量增加時，外邦人中間就起了抱怨希伯來人的聲音，因為他們的寡婦在每天的供給上被忽略了。

教會成長的挑戰

早期教會是由許多不同層級、國籍之人所組成的。在五旬節聖靈降臨時，「有虔誠的猶太人從天下各國來，住在耶路撒冷。」（使徒行傳2：5）在這些聚集在耶路撒冷的猶

太人當中，有些人是所謂的希臘人，他們和巴勒斯坦的猶太人之間長久以來互不信任，因此對彼此有很強的敵意。

　　藉著使徒的努力，許多人悔改，並且在基督徒的愛裡軟化，彼此聯合。儘管以往各有偏見，但還能和諧相處。撒但知道只要這種和諧繼續存在，他就無法遏制福音真理的進展，故此，他想要利用他們以前的敵視和不信任，把不合的氛圍帶進教會裡。

　　當門徒增多時，事情就這樣發生了——仇敵順利地讓某些過去慣於嫉妒其他弟兄，並在屬靈領袖身上挑刺的教友起了猜疑，所以「有說希臘話的猶太人，向希伯來人發怨言。」怨言的起因是所謂的在日常供給上忽略了希臘人的寡婦。任何的不公平原是與福音的精神相抵觸的，然而，撒但卻已在引起猜疑的事上成功了。現在必須立即採取措施，消除各種不滿的情況，以免敵人在努力分化信徒的事上得勝。

組織有效的服務

　　耶穌的門徒在他們的經歷中遇到了危機，但在使徒們明智的領導下，透過聖靈的能力，他們忠心傳福音的工作能夠

迅速發展。教會不斷地增長，教友人數也快速增加，帶給使徒們沉重的負擔。若由一個人、甚或是一組人員獨自承擔事工，勢必將危及教會未來的興旺。因此，將那些在早期教會時忠心信徒所承擔的責任做進一步的分派是有必要的。這時使徒們必須採取重要措施，將過去所扛的一些重擔交到別人手上，使教會中合乎福音的秩序得以建全。

使徒們召集所有的信徒開會，透過聖靈的帶領，為教會的服事訂立計劃，使之成為一個更完善的組織。使徒們必須說明時候已到，監督教會的屬靈領袖理應卸下供應貧窮者的事務以及類似的責任，以便能夠一無掛慮地進行傳福音的工作。使徒們說：「所以弟兄們，當從你們中間選出七個有好名聲、被聖靈充滿、智慧充足的人，我們就派他們管理這事。但我們要專心以祈禱、傳道為事。」（使徒行傳 6：3 － 4）這個建議隨即執行了，七位被選出來的人，由使徒們為他們禱告，並按手在他們頭上，正式分派他們擔負執事的職分。

共同領導的果效

由七位負責特定工作的這項任命，日後證明對教會是很大的祝福。這些執事細心地關照每一個人的需要，同時也顧

慮到教會整體的經濟收益，藉著他們審慎的管理，還有虔敬的榜樣，他們就得以在教會聯合的各事工上，成為同工們的重要助手。

這個任命確實出於上帝的旨意，因為在採取這一措施之後，良好的成效隨之產生。「上帝的道興旺起來；在耶路撒冷門徒數目加增的甚多；也有許多祭司信從了這道。」這場生靈的大豐收要歸功於使徒放膽的傳福音，以及七執事的熱心和能力。事實上，這七位被按手的執事們雖負責專門照顧貧窮者，卻沒有排除他們也教導人們信仰。反之，他們完全有資格教導人真理，在工作上大有熱心和果效。

早期教會已受託從事不斷擴展的工作——那就是哪裡有真誠的人願意獻身為基督服務，那裡就要建立傳揚真光和福惠的中心。本質上宣揚福音是全球性的工作，背十字架的使者只有在基督裡團結合一，才能指望他們完成重要使命，並藉此向世界表明他們在上帝裡與基督合而為一。他們神聖的領袖豈沒有為他們向天父祈求，「因你所賜給我的名保守他們，叫他們合而為一，像我們一樣」嗎？論到祂的門徒，祂豈沒有說「世界又恨他們；因為他們不屬世界」嗎？祂豈沒

有向天父懇求，使他們「完完全全的合而為一」，「叫世人可以信你差了我來」嗎？（約翰福音 17：11，14，23，21）。他們的屬靈生命和能力是仰賴、與差派他們去傳福音的基督緊密聯合的。

只有與基督聯合時，使徒們才能指望得著聖靈的力量及天使的援助。藉著天上來的幫助，他們在世人面前展現合一，戰勝必須不斷對抗的黑暗勢力。當他們繼續努力時，天上的使者就會在他們前面，為他們開路，預備人心好接受真理，許多人必得著基督。只要他們團結，教會就能前進，「美麗如月亮，皎潔如日頭、威武如展開旌旗的軍隊。」（雅歌6：10）沒有什麼能阻擋教會向前進展。教會將凱旋前進，光榮地成就她將福音傳到全世界的神聖使命。

教會組織的範例

在耶路撒冷服事他人的教會組織，可以作為其他地方教會組織的範例，因為地方教會是使人歸向福音的真理信使們聚集之地。那些被賦予教會監督責任的人，不是要以上帝產業的主管者自居，而是要作聰明的牧者，「牧養上帝的群羊……作群羊的榜樣」（彼得前書5：2－3）；而執事也

必須是「有好名聲，被聖靈充滿，智慧充足的人。」這些人都是站在真理這邊，而且一致堅定、果決地持守立場。這樣他們就能對整個羊群發揮團結合作的影響力。

　　之後我們在早期教會的歷史上，可以看到當世界各地許多信徒團體紛紛成立教會時，教會的組織就更臻完善，得以保持秩序和一致的行動。每個信徒都受到督促，克盡本分。每個人都要善用主託付予他的才能。有些人得蒙聖靈的特別恩賜——「第一是使徒，第二是先知，第三是教師，其次是行異能的，再次是得恩賜醫病的，幫助人的，治理事的，說方言的。」（哥林多前書 12：28）然而，這些有不同恩賜的工作人員，必須步調一致地從事工作。

　　「恩賜原有分別，聖靈卻是一位。職事也有分別，主卻是一位。功用也有分別，上帝卻是一位，在眾人裡面運行一切的事。聖靈顯在各人身上，是叫人益處。這人蒙聖靈賜他智慧的言語，那人也蒙這位聖靈賜他知識的言語。又有一人蒙這位聖靈賜他信心，還有一人蒙這位聖靈賜他醫病的恩賜，又叫一人能行異能，又叫一人能作先知，又叫一人能辨別諸靈，又叫一人能說方言，又叫一人能翻方言。這一切都

是這位聖靈所運行，隨已意分給各人的。就如身子是一個，卻有許多肢體；而且肢體雖多，仍是一個身子；基督也是這樣。」（哥林多前書 12：4 － 12）

在摩西之下的責任分工

那些蒙召在地上的教會做領袖的人，肩負的責任是嚴肅而重大的。在神權時代，摩西獨自擔負了太過沉重的擔子，以致他在重負之下精疲力盡，葉忒羅就諫勸他將所負的重任作明智的分配。葉忒羅說：「你要替百姓到上帝面前將案件奉告上帝，又要將律例和法度教訓他們，指示他們當行的道，當做的事。」葉忒羅更建議他要指派人當「千夫長，百夫長，五十夫長，十夫長」。這些人必須是「有才能的人，就是敬畏上帝，誠實無妄，恨不義之財的人。」他們要「隨時審判百姓」，這樣，交由這些聰慧能幹、且獻身的助手，即可解決許多小事，也減輕了摩西的繁重負擔。

那些按上帝的旨意擔負教會領導地位的人，他們的光陰和精力應花在處理需要特殊智慧和寬大胸襟的要事上。若將其他人可以處理的瑣碎小事全交由他們處理，這便不符合上

帝所說的次序。「大事都要呈現到你這裡，」葉忒羅向摩西建議說，「小事他們可以審判，這樣，你就輕省些，他們也可以同當此任。你若這樣行，上帝也這樣吩咐你，你就能受得住，這百姓也都平平安安歸回他們的住處。」（出埃及記18：22）

按照這個計劃，「摩西從以色列人中揀選了有才能的人，立他們為百姓的首領，作千夫長，百夫長，五十夫長，十夫長。他們隨時審判百姓，有難斷的案件就呈到摩西那裡，但各樣的小事他們自己審判。」（出埃及記 18：25 － 26）

後來，當摩西揀選七十位長老與他共同負起領袖的責任時，他很謹慎地揀選那些受人尊崇、果斷與具備經驗的人作助手。在他選立這些長老為他們致辭的時候，他說明了一個在教會作管理之人應具有的資格：「你們聽訟，無論是弟兄彼此爭訟，是與同居的外人爭訟，」摩西說：「都要按公義判斷。審判的時候，不可看人的外貌；聽訟不可分貴賤，不可懼怕人，因為審判是屬乎上帝的。」（申命記 1：16 － 17）

大衛的領袖勉言

大衛王在他作王的晚期，曾向他當年那些身負上帝重任的人發出了一番嚴肅的訓諭。他招聚「以色列各支派的首領和輪班服事王的軍長，與千夫長、百夫長，掌管王和王子產業牲畜的，並太監，以及大能的勇士，都到耶路撒冷來。」這位年邁的國王嚴肅地吩咐：「現今在耶和華的會中，以色列眾人眼前所說的，我們的上帝也聽見了。你們應當尋求耶和華你們上帝的一切誡命。」（歷代志上 28：1，8）

對於所羅門，他蒙呼召擔任領導的大任，大衛也給了他一番特別的勉言：「我兒所羅門哪，你當認識耶和華你的父上帝，誠心樂意地事奉祂；因為祂鑒察眾人的心，知道一切心思意念。你若尋求祂，祂必使你尋見；你若離棄祂，祂必永遠丟棄你。你當謹慎，因耶和華揀選你……你當剛強去行。」（歷代志上 28：9－10）

虔敬領袖的原則

那些在摩西和大衛時代作上帝子民之官長的人，他們所需的敬虔和公義原則，對於在新約時代蒙召管理組織上帝教

會的人而言，也同樣需要遵循。使徒在為各教會的一切事項安排就序，並選立合適人才擔任職員的事上，都堅守《舊約聖經》中列舉作領袖的崇高標準。他們主張：凡蒙召在教會中身負領導責任的人，「既是上帝的管家，必須無可指責，不任性，不暴躁，不因酒滋事，不打人，不貪無義之財；樂意接待人、好善、莊重、公平、聖潔自持；堅守所教真實的道理就能將純正的教訓勸化人，又能把爭辯的人駁倒了。」（提多書 1：7 － 9）

早期基督教會保持的秩序，使他們能像一支穿戴上帝軍裝、且訓練有素的軍隊，穩步前進。一隊一隊的信徒們雖然分散在廣大的地區裡，但全都是一個身體的肢體，大家行動一致，彼此和諧。如果某處地方教會內部發生了紛爭，如在安提阿教會和別處一樣，當地信徒若無法達成協議，就不可讓這類事件引起教會內部的分裂，必須提交到全體信徒大會，這個大會是由各處地方教會所指派的代表，以及擔負領導責任的使徒及長老們所組成的。這樣，撒但攻擊那些孤立、偏遠之處的教會所作的努力，就能以全體教友一致的行動來應付，令仇敵分裂及摧毀教會的計謀無法如願。

「上帝不是叫人混亂，乃是叫人安靜。……像在聖徒的眾

教會一樣。」（哥林多前書 14：33 － 34）祂要今日的我
們在處理教會各項事物上，正如古時一樣遵守次序和規律。
祂希望聖工能縝密且正確地向前推進，以便得蒙祂的認可。
基督徒與基督徒，教會與教會，都要聯合一致，人的力量和
方法要與上帝的能力和方法合作，一切機能都降服於聖靈之
下，大家合一將上帝恩惠的佳音傳給世人。

第 **4** 章

執事的重要性

THE IMPORTANCE OF THE OFFICE

　　成為執事，就是接受服事的呼召。蒙呼召參與耶穌聖工任何階段的服事，都是跟隨祂，祂說：「因為人子來不是受人的服事，乃是要服事人。」（馬可福音 10：45）從來沒有任何服事比耶穌的榜樣更偉大，它給人類的關係注入了一個新的動力：那就是——成就感不是來自於權力，而是服務；領導的權威是源自於服務，而非官位，「我們的主耶穌基督來到世上，是為了人類的需要而成為孜孜不倦的僕人。祂來『代替我們的軟弱，擔當我們的疾病』（馬太福音 8：17），祂為人類的各種需要而服事。祂來是要卸下我們充滿疾病、悲哀、罪惡的重擔。祂的使命就是使人類完全恢復原來的樣式。祂來是要將健康、和平、完美的品格，賜給世人。」——懷愛倫著，《健康之源》第 10 頁，1999 年版。

　　耶穌呼召我們要像祂一樣為人服務。徒有執事、長老、牧師、教師或會長的頭銜是無用的，要拿起毛巾，為人洗腳；要拿起餅來與別人分享（約翰福音 13：3 － 17）。在這些事和其他謙讓的行為上，耶穌給我們設立了服事的好榜樣。如果我們不成為僕人的樣式，就無法傳福音。執事的工作就是從服事開始。

這就是早期教會指派執事的由來。當教會快速地增長，供應信徒靈性和身體需要的負擔，已大到影響傳福音的工作，為了有更多的時間傳福音，使徒們感到需要額外的協助，他們說：「我們撇下上帝的道去管理飯食，原是不合宜的。」所以他們告訴教會說：「所以弟兄們，當從你們中間選出七個有好名聲、被聖靈充滿、智慧充足的人，我們就派他們管理這事。」（使徒行傳 6：2－3）

《聖經》沒有告訴我們太多關於這七個人的事情。他們都有希臘的名字。其中一位提到他原是外邦人，悔改後信奉猶太教的（第 5 節）。那時巴勒斯坦的猶太人都有希臘名字，但是《聖經》並沒有告訴我們這七個人中間有多少人是巴勒斯坦的猶太人，有多少人是希利尼人（巴勒斯坦境外的人）。但是這七位被揀選出來的人，似乎都很熟悉希臘的文化。例如，司提反「生來是猶太人，但能操希利尼語，並熟悉希利尼人的風俗習慣。」──懷愛倫著，《使徒行述》第 75 頁，1995 年版。

雖然使徒行傳沒有稱這七個人為「執事」，但是他們確實被揀選以管理「日常的供給」和「管理飯食」的工作（使

徒行傳 6：1 － 2）。但希臘字 diákonos 的字根意為服事，因此這七個人從一開始就被認為是基督教會的第一批「執事」。懷愛倫也同意此說法，她說：「於是藉著禱告和按手，將當選的七個人分別出來擔任執事的職分。」（《使徒行述》第 68 頁，1995 年版）她更進一步地表明建立執事對教會發展所帶來的影響：「救靈的工作得到收穫，在某一方面是因為使徒們獲得了更大的自由，而另一方面也是因為七位執事所表現的熱心和能力。」（《使徒行述》第 69 頁）司提反是「七執事之首」，也是「一個極其虔誠而富有信心的人。」──懷愛倫著，《使徒行述》第 75 頁，1995 年版。

執事的資格

雖然使徒行傳第 6 章記載，這七位執事的工作是從按手開始，後來當教會在地區逐漸擴張、能力亦都成長時，就要考慮執事的正式資格。執事的資格只略少長老一些，在提摩太前書 3：8 － 13 中便提到：「作執事的必須端莊，不一口兩舌，不好喝酒，不貪不義之財；要存清潔的良心，固守真道的奧祕。……執事只要作一個婦人的丈夫，好好管理兒女和自己的家因多善作執事的自己就得到美好的地步，並且在基督耶穌裡的真道上大有膽量。」

在提到執事工作的資格時，懷師母的評論值得注意，她寫道：「事實上這幾位弟兄雖被派專任照顧窮人需要的工作，但這並沒有排除他們傳講福音的工作，不讓他們傳道。相反地，他們有充分的資格將真理教訓人，而且他們也以極大的熱忱從事這一工作，並獲得了很大的成功。」

「這七個人受派管理特別工作，證明對教會大有助益，這些執事對於個人需要以及教會的一般經濟收益，莫不予以細心的照料；而且由於他們審慎的管理和敬虔的榜樣，在使教會各部工作聯合的事工上，他們就成了同工的重要助手。」——懷愛倫著，《使徒行述》第 69 頁，1995 年版。

女執事的工作

教會的執事或僕人不是只有男人擔任。在早期教會中，女人也被包括在職員的名單裡面。保羅提到其中一位說：「我對你們舉薦我們的姊妹非比；她是堅革哩教會中的女執事。請你們為主接待她，合乎聖徒的體統。她在何事上要你們幫助，你們就幫助她；因她素來幫助許多人，也幫助了我。」（羅馬書 16：1 － 2）

非比這個名字的意思是「光芒四射，容光煥發」，從保羅精簡的評論就已道出她的人品和基督化的生活。保羅在三方面對羅馬的教會表揚她：在基督裡的姊妹、一個僕人、幫助許多人，包括保羅他自己。談到非比是「我們的姊妹」，意思是說她是上帝家庭中獻身的一名成員，從經文的上下文可以看出，她對使徒來說是非常寶貴的。論到身為她家鄉堅革哩教會所愛的僕人，以及可能也是母堂哥林多教會的僕人來說，就更別具意義了，因為英文字 servant（僕人）譯為 iákonos，並從這個字根演變成 deacon（執事）這個字。當保羅在寫這封羅馬書信時，deacon 這個字已經視為是教會的職分了，而且婦女也早已在這個職分上服事了（腓立比書 1：1；提摩太前書 3：10）。

所以，在早期教會的時代，婦女做女執事為教會服務早有實例，既使是在保羅到處旅行傳道的時候，或是教會分散各地的時代也是如此。《新約聖經》也提到其他婦女為福音的緣故服事，如友阿蝶和循都基（腓立比書 4：2－3），大比大也因施捨受稱讚（使徒行傳 9：36），呂底亞熱忱接待保羅和他的同伴（使徒行傳 16：4），還有百基拉參與福音事工（羅馬書 16：3）。在腓立比書 1：1 的書信問候中，

保羅便有向女執事們致意之言，還有在提摩太前書 3：8，12 中也有提到。所以，婦女很早就和男士一樣，奉獻她們的才幹在教會的福音事工上。

男女執事的選拔

因責任性質的重大和事工的神聖，地方教會在選拔男女執事時要格外謹慎。他們的基本資格前面已經提過，負責選舉男女執事的委員會應該再複習一下，因此保羅說：「這等人要先受試驗，若沒有可責之處，然後叫他們作執事。」（提摩太前書 3：10）

男女執事的資格經過審查後，他們的名字就可以送到教會的教友大會上進行投票表決，接受他們擔任男女執事。除了上述提到的資格條件外，其他在選舉過程中需考量的部份還有：

❶ 地方教會負責選舉。選舉是由教友透過提名委員會選出為教會服事的所有職員。提名委員的組成過程詳記在《教會規程》第 9 章。

❷ 男執事或女執事是在該教會有固定聚會並有好名聲的教友。

❸ 執事任期原則上是一年，除非教會開會表決通過決定每兩年選舉一次。

❹ 給年輕人為教會服事的機會，依據他們屬靈的恩賜，使他們委身並參與教會的領導與傳福音的事工。提供這樣的機會給年輕人，可以幫助他們更瞭解教會的本質和使命，使他們的靈性生命更成熟。

男女執事的按立

新選出來的男女執事，必須由持有區會有效證書的牧師為他們施行按手禮後方能任職。按手禮應該簡單隆重，並且在會眾面前舉行。牧師要講述《聖經》中所記載男女執事的功能，以及他們被授權可以行使的主要功能。經過勸勉他們在服事中要忠心的簡短話語後，牧師由長老協助、禱告及按手。建議男女執事在同一個大會中一起舉行按手禮。他們的服事只限於他們被選的任期，如果他們再次被選上，就不需要再接受按手禮了。已接受過按手禮的卸任長老，若被選為執事就不必再按手了，因為當長老時的按立已經涵蓋了執事的職分。

經過按立後的男女執事，只要他們繼續保有教友名籍，即使當他們移名到另一個教會時，也不必再接受新的按手禮。執事任期屆滿，經教友大會同意，才可以當選連任。

　　復臨教會為地方教會聖工的緣故，為執事施行按手禮，然而他們「沒被授權主持教會的按手禮或任何事工會議，也不能舉行證婚、辦理教友接納或轉移等事宜。」——《教會規程》原文第 77 頁，2015 年英文版。

結論

　　在門徒和使徒的呼籲之後，教會的新約歷史承認，執事的設立對堅固教會聖工、建立信仰團體，並照顧此團體的靈性及身體需要而繼續推動的各項服事是必要的，因此男女執事職分的重要性不可低估，事實上整個地方教會應當為這些教會「僕人」的選拔和按立多禱告及培養靈命，這些「僕人」的事工幫助教會作為基督的身體及信仰團體，來成就教會設立的初衷和目的。

　　就像耶路撒冷的教會，今日的執事們「由於他們審慎的管理和敬虔的榜樣，他們就在教會各部工作得以聯合的事上，成了同工的重要助手。」——懷愛倫著，《使徒行述》第 69 頁，1995 年版。

第 5 章

執事的資格

QUALIFICATION FOR THE OFFICE

　　早期教會揀選第一批執事時，使徒們看重的並不是他們的社會地位、教育背景、國籍、經濟狀態、或是種族背景，他們只列出為教會服事的領袖們應具備的基本條件。這些領袖應該：❶具有好名聲，❷被聖靈充滿，❸滿有智慧（使徒行傳６：３）。這一章的主旨在重新複習這些基本條件，並看看使徒保羅在提摩太前書３：８－１２中提到其他資格。

基本資格

好名聲

　　執事在會眾裡有好名聲是很重要的。像耶路撒冷教會所面對的明顯問題，便是希利尼寡婦覺得那些負責分配每天供給的人對希伯來寡婦比較好。結果，「仇敵（撒但）就順利地使某些過去慣於嫉妒其他弟兄，並在屬靈領袖身上找錯的人引起猜疑。」──懷愛倫著，《使徒行述》第 67 頁，1995 年版。

　　若非門徒介入，其情況將一發不可收拾。為了和平有效的處理這件事，使大家受益，就選出那些品行端正且受尊敬

的執事，這些人的行為和決定是公正的，也不致被懷疑他們有偏見。

後來保羅說明為什麼「好名聲」在選舉長老方面同樣重要，「他必須在教外有好名聲，恐怕被人毀謗，落在魔鬼的網羅裡。」（提摩太前書 3：7）

聖靈充滿

執事的生活既然被描述為「聖靈充滿」，就必須與上帝保有生命的連結。藉由活潑的關係，他們應該是有好名聲的信徒，過著屬靈的生活，像耶穌一樣無私地服務。被聖靈充滿的意思是，我們所做的一切都在聖靈的指導下，尤其是有關耶穌的身體、愛的生命，以及我們受召的服事。執事就是被呼召要過那樣的生活，也就是過屬靈的生活。「聖靈經常設法引人注意到那在髑髏地的十字架上所作的大奉獻，向世人顯揚上帝的愛，並向已被定罪的人展露《聖經》中的寶物。」──懷愛倫著，《使徒行述》第 38 頁，1995 年版。

聖靈充滿的領袖「當用詩章、頌詞、靈歌彼此對說，口

唱心和地讚美主。凡事要奉我們主耶穌基督的名常常感謝父上帝。」（以弗所書 5：19 － 20）

[滿有智慧]

使徒行傳 6：3 所說的智慧，並不只是我們平常認知的、那種對於日常經驗及關係累積而致的智慧。它是屬靈的智慧——是一種區分善惡且擇善固執的洞察力，在主裡保有愛心和信心，並且將自己完全奉獻給主，因為「敬畏耶和華是智慧的開端。」（箴言 9：10）

智慧不只是基本知識的學習——它是尋求《聖經》中上帝啟示的道，把它的教訓、榜樣、引導應用到我們的日常生活中。智慧也包括從過去的經驗中學習並運用到今日的挑戰。在教會裡，男女執事都有責任（和權威）去處理任何發生的問題，不要一遇任何事都去找牧師或長老尋求指導或方向。男女執事應該有足夠的智慧去照顧教會的需要，維護她的神聖和秩序。

當教會有一群有好名聲，被聖靈充滿，以及有智慧的成

熟執事時，乃是受到祝福的，這個教會就能體驗並彰顯從基督而來的救贖能力及合一，亦能像耶路撒冷的教會，「上帝的道興旺起來；在耶路撒冷門徒數目加增的甚多，也有許多祭司信從了這道。」（使徒行傳 6：7）

生活方式的要求

當早期教會逐漸發展、擴張至越過猶大邊境，並遠達羅馬帝國境內的許多地方時，很明顯的，教會需要愈來愈多如執事、長老的領袖來照顧各教會當地的事工。保羅可能是第一個意識到教會需要培養有素質的領袖之人，在他的書信中亦提及此事，他提出一個關於執事生活要求的重要勸勉，就是「作執事的，也是如此：必須端莊，不一口兩舌，不好喝酒，不貪不義之財；要存清潔的良心，固守真道的奧祕。

這等人也要先受試驗，若沒有可責之處，然後叫他們作執事。女執事也是如此：必須端莊，不說讒言，有節制，凡事忠心。執事只要作一個婦人的丈夫，好好管理兒女和自己的家。因為善作執事的，自己就得到美好的地步，並且在基督耶穌裡的真道上大有膽量。」（提摩太前書 3：8 － 13）

　　分析上述經文我們可知，男女執事的生活方式應該有怎樣的特質：那就是說，他們周圍的居民如何看待他們（提摩太前書3：8－10），以及他們的家庭生活樣貌（提摩太前書3：12）。總合起來列出下列九種特質：

1 要「端莊」

　　在提摩太前書3：8中這個英文詞 worthy of respect（端莊），在不同的英文《聖經》版本中有不同的翻譯：grace（優雅）、reverent（虔誠）、serious（認真），以及 dignified（威嚴、高貴）。雖然翻譯不同，但它的意思是很明確的。教會內外一致認為，男女執事不論在任何情況下都應是認真、有威望、處事公平、值得信賴、正直且有智慧。教會領袖的道德和靈性生活不可以讓人有任何懷疑的地方。

2 講話要誠懇

　　保羅要執事們「不一口兩舌」（提摩太前書3：8）使徒的意思也可以譯作 sincere（誠懇），意思是說一個人的言論及他的人際關係——是不輕浮、不捏造、或不虛偽。

　　輕浮的言語就是欺哄的言語，一個基督徒不應該有輕浮

的言論。一個基督徒的言談應該是值得信任的。這種要男女執事值得他人信賴的呼召，就是呼召他們言行一致，維護教會的好名聲，拔除惡毒的謠言，並高舉基督的聖名，就像使徒雅各所說的：「是，就說是；不是，就說不是。」（雅各書 5：12）

❸ 要節制

保羅勸告執事們必須「不好喝酒」（提摩太前書 3：8）。這個要求總括來說就是「節制」，即「教導我們完全避免用各種有害之物，而要審慎地食用一切有益之物。」（《先祖與先知》第 566 頁，2003 年版）《聖經》中的節制不僅著重在杜絕酒精，還有其他形式的濫用——毒品、菸草、不潔思想、色情、不良喜好 ——這些都會使我們的注意力轉離上帝，甚至轉離我們的家庭及所服事的傳道工作。任何使我們轉離上帝的濫用，就為罪開了一個門戶，影響男女執事們作眾人的榜樣。懷愛倫警告我們，「我們的良心必要喪失對罪的感覺，以致逐步習於行惡，直到完全失去辨別聖俗的能力。那時我們怎能迎合上帝所定的標準呢？」——懷愛倫著，《先祖與先知》第 345 頁，2003 年版。

❹ 要誠實

　　保羅勸執事們必須「不貪不義之財」（提摩太前書 3：8），就是要求他們堅守財務上的清廉和誠實。十條誡命說到「不可偷盜」（出埃及記 20：15），在保護教會財產穩定及完整上最明顯不過了。因為執事們要收捐、數錢，有時候還要管理教會基金的使用，在在都需要最高的操守。教會的財產是上帝的財產，用在推動教會內外各種不同的事工。任何在教會財產上的錯用或濫用，都會使教會和福音工作受到損傷。

❺ 過言行一致的生活

　　使徒堅持「要存清潔的良心，固守真道的奧祕」（提摩太前書 3：9）──正如執事不可以一口兩舌，在生活中的信仰和行為也不可以不一致。一個言行與信仰不一致的生活，會破壞基督徒的生活和信仰。那些接受耶穌基督真理的人會在他們的生活中彰顯他們的信仰：過一個不給罪惡留餘地的生活，擁有一個不和邪惡妥協的信仰。這樣的生活不會給淫亂順手牽羊而來的金錢、不誠實的行為、仇視人類、傲慢或福音中摻雜假道等留餘地。

　　一個言行一致的生活，要求相當的屬靈成熟度，但這在新加入教會的人身上是缺少的。例如第一批執事，已有研究《聖經》和過虔敬生活的經歷，能與上帝有密切關係，具備有效處理指派工作的屬靈成熟度，因此新教友也需要時間，好在基督徒經驗、關係、敬拜、禱告及查經方面逐步成長並趨向成熟。所以在教會裡，最好等待教友們達到了如保羅在提摩太前書第三章裡所描述的屬靈成熟度，才按立他們當男女執事。

6 無可指責

　　對執事來說，只有「存清潔的良心，固守真道的奧祕」還不夠，他們應該「受試驗……（而且）沒有可責之處」（提摩太前書 3：10）。「無可指責」不是指他們要過一個無罪的生活，而是指他們所過的生活與他們在耶穌基督裡的信仰是一致的。這就是無可指責的生活了；凡看到他們這樣生活的人，就可以從他們身上看到那反照的基督之生命。上述章節更進一步的提到，藉由教會機構代表的一些審查或考核形式，可使未來的執事經由檢視，被批准擔任執事的事工。他們的品格應該像但以理一樣，因他只考慮「上帝的嘉許比

地上最有權勢之君王的恩寵更可貴，甚至比生命更可貴。」
──懷愛倫著，《先祖與君王》第 392 頁，1989 年版。從
男女執事身上可以看到一個堅強、滿有信心、與基督聯合，
遠離罪惡及罪之影響的生活，以及一個反映基督品德的道德
和屬靈的榜樣，他們真是在生活和服事中都無可指責。

７ 負責任的配偶

　　使徒在提摩太前書 3：11 － 12 中提到執事的家庭應有
的生活方式，「他們的妻子也同樣的，必須端莊，不說讒言，
有節制，凡事忠心。執事只要作一個婦人的丈夫。」許多學
者在看這段經文的後半段時，認為使徒是反對當時流行的重
婚或一夫多妻制。沒錯！以基督教時代當時的習俗來說，他
們可以跟一人以上的人結婚，但一個男執事或女執事不可這
樣做。

　　這裡所談的問題已超越婚姻的狀況，單身或鰥夫／寡婦
是可以被選為執事，而且他們和已婚者同樣是有效率的服
事。在這裡要強調的是男女執事的品格和道德狀況。如果男
女執事已婚，他們只可以有一個配偶，婚姻關係應該是神聖
的，充滿愛且無可指責。這裡的意思很清楚──防範罪進入

夫妻的婚姻關係中，毀壞了家庭的結構，給教會帶來負面的影響。

基督一定要成為婚姻的基石。夫妻關係具有互信、互愛、尊重、正直，及團隊合作的特點。執事的生活更該如此。「你們在婚姻關係中的情誼，應該是親密而又溫柔的，聖潔又高貴的，為你們的人生帶來屬靈的能力，以致你們彼此之間可成全上帝聖言中所要求的一切。等你們達到主所期望你們達到的境地時，就必發現地上的天國，並且上帝也在你們的生活之中了。」——懷愛倫著，《復臨信徒的家庭》第 106 頁，1995 年版。

8 要作敬虔的父母

除了當一位有愛心、忠誠的配偶外，男女執事們還要「好好管理兒女」（提摩太前書 3：12）。父母是孩子最主要的模範，孩子透過觀察及榜樣來學習。男女執事在他們以基督為中心、愛的婚姻中所立下的榜樣，對於他們的兒女在自尊、自我形象和他們的未來以及發展與基督的關係上將是很重要的一課。一個以基督為中心的家會把上帝和祂的話語擺在所有活動的中心思想上。全家會一起讀《聖經》、禱告、靈修、

守安息日、與教會的群體保持良好的關係。

懷師母說：「每一個基督徒的家庭都應當有規律；而父
母們都當在彼此的言語行為上，為兒女們樹立那種可貴的、
活生生的榜樣。應當時時用清潔的言語，並實踐真基督徒的
禮儀。須教導兒童和青年人要有自尊心，要忠於上帝，忠於
原則；須教他們敬重並遵從上帝的教訓。這些原則必管理他
們的人生，而在他們待人接物之時實踐出來。」──懷愛倫
著，《復臨信徒的家庭》第 4 頁，1995 年版。

9 好好管理家庭

最後保羅勸勉執事們要「好好管理自己的家庭」（提摩
太前書 3：12）。如果一個家沒有依據基督的愛和原則管理
的話，就沒有什麼力量好分享福音的大能。作為教會中負責
任的領袖，執事應好好地管理他們的家庭，教養兒女敬畏上
帝，所有家人包括傭人都是用像耶穌待他們那樣的恩惠及溫
柔對待。

良好的家庭管理，是從婚姻的完整及家庭關係到包括時
間、財務、家務責任，以及社群關係等多項的管理。當男女

執事顯出他們沒有浪費家庭資源時，他們也展現出他們是有能力的，可以有效地管理教會資源的負責管家。執事能做好家庭管理，也才能做好教會的財務管理，照顧好教堂的設備，保管好所有的物資，成為一個屬靈的管家。

提摩太前書第三章中的婦女

誰是提摩太前書第三章提到的婦女？他們是女執事還是男執事的妻子？這個問題已經辯論多年，並產生了兩派說法——其中一派認為「妻子」提指男執事的妻子，而另一派的人說是指女執事。至今這辯論還在持續中。

當這些不同的看法很難下定論時，以現代的意義來看，我們要記得提摩太前書 3：8 – 13 中提到的品格特質適用於執事的家庭——男執事、女執事或男執事的妻子，甚至包括兒女們。這段經文所強調的不是性別差異，而是道德和屬靈上的正直。擔任教會的職員需要有成熟的品格以及完全奉獻給耶穌的心，執事本人和全家都是如此。這個道德的準則包括了：❶敬畏、忠誠和完全奉獻給基督的心；❷私生活謹慎、不出口傷人、誠實可靠、不說閒話；❸有節制的生活，避免一切有害的事物；明智地選擇健康食物；❹值得信任、

誠實、負責任，保護教會的好名聲。

　　男執事及女執事，是在教會歷史中某個時期經由教會按立來擔任各項福音的事工，話雖如此，這兩個職分還是要按照提摩太前書 3：8 － 13 所要求的品格標準行事為人。

結語

　　男女執事的職分是被揀選出來服事教會的，故務需慎重看待。他們接受對基督福音事工的神聖呼召。因著接受服事的職分，男女執事要立誓作到使徒行傳 6：30 和提摩太前書 3：8 － 12 所定義的要求。「上帝已經在教會中任命賦有不同才幹的人作祂指定的助手，以便藉著多數人集體的智慧可以迎合聖靈的心意。人若隨自己倔強的個性而行，不肯與其他在上帝聖工上富有經驗的人並肩合作，就必因自恃而導致盲目，無法分辨真偽。若選派這樣的人在教會中作領袖，乃是很不妥當的，因為他們必獨斷獨行，不顧弟兄們的意見。仇敵很容易就利用那些還需要逐步受教，尚未學得基督的柔和謙卑之前，只靠自己的力量從事護衛靈命之工作的人。」──懷愛倫著，《使徒行述》第 228 頁，1995 年版。

第 **6** 章

屬靈的廣度與成長

THE SPIRITUAL DIMENSIONS
AND GROWTH

男女執事的選召，被視為是奉耶穌的名來榮耀上帝，並為祂的子民服事，使整個教會受到祝福。那為主服事的選召，雖帶來福氣和喜樂，但需要以最嚴肅的屬靈性去引導它。就像彼得所說的，那些被選召成為基督徒並且為主服事的，將不停地受到敵人的攻擊，「務要謹守，警醒。因為你們的仇敵魔鬼，如同吼叫的獅子，遍地遊行，尋找可吞吃的人。」（彼得前書5：8）

懷愛倫也警告過這個可怕的危險，並且提供了對抗敵人的簡易良方：「沒有一個人的能力可以高過撒但的試探和誘惑。人在職位上責任愈大，敵人的攻擊就愈可怕、愈大。願上帝的僕人無論在何處都堅守上帝的話，不斷仰望耶穌，期有一天能變成祂的形象。」──懷愛倫著，《鄉村生活》原文第77頁。

上述懷師母的三個原則──研讀上帝的話，不斷仰望耶穌，熱切尋求轉變──是我們在福音事工上對付敵人攻擊最有用的武器。那些攻擊常常針對幾個層面──個人、家庭、事工團隊──來傷害教會的成長。

　　我們可用「同心圓」來解釋這幾個層面，從中心開始的男女執事，他們的家庭是下一圈，再來就是傳道同工團隊，最外圍就是教會。當最內圈的男女執事能強壯有力的成長時，它的成長就支撐了下一圈家庭的成長和力量。家庭有堅固的屬靈根基，就成為事工團隊成長的資產，這就會激勵教會成長。當每一個層面都能研讀上帝的話，不斷仰望耶穌，熱切尋求轉變時，就能使所有層面，包括自己，都受益和成長茁壯。

個人生活

研讀上帝的話

　　研讀《聖經》對基督徒生活至關重要，對男女執事的生活更是如此。保羅勸勉年輕的提摩太說：「你當竭力在上帝面前得蒙喜悅，作無愧的工人，按正意分解真理的道。」（提摩太後書 2：15）不斷研讀並依靠上帝的話，才可以成為傳福音的好管家。唯有男女執事們自己發現上帝話語的大能，才能成為傳揚上帝福音的好管家。不論是執事或牧師，傳道事工的首要就是要藉聖靈發現上帝的愛，並將它流露出來。

　　讀經不是只偶爾讀讀《聖經》，也不是依循「這裡一點，那裡一點，現在讀幾個章節，等一下再讀幾個章節」的方法。保羅勸勉提摩太和所有的傳道人所遵循的，是持續獻身於《聖經》和它要給每個人的信息——包括個人以及作為基督肢體的所有信徒。這種持續性的研讀方式需按部就班，在時間、研讀、默想、作筆記，還有與人分享上，依循基本方法。下列的步驟可有所幫助：

❶ 選一個你喜歡的《聖經》版本。

❷ 每一天固定一段時間研讀及默想，最好將此列為早上起床後做的第一件事。按計劃投入時間進行，且持續下去。

❸ 決定讀經計劃。也許你喜歡依序從創世記到啟示錄，或者你喜歡同時讀《舊約》和《新約》，或者你想從你最喜歡的類型——比方說個人傳記、詩篇、箴言、福音書或書信開始。另外一個方法是用《安息日學研經指引／高級學課》當作你靈修的一部分。無論你選擇哪一個方式，最重要的是專心並完成你的讀經計劃。

❹ 讀經時作筆記。當你讀經時記下任何能豐富你靈命的感想，這對你會有很大的助益。也許你發現一個聲音從《聖經》跳出來跟你說：「傳福音！」，或是「去跟某某人分享，因為他需要。」也許你也會發現經文中有禱告、或悲傷、或快樂的經驗，正向你傾訴。記住！不同的章節，適合不同的需要——智慧、讚美、感恩、安慰和指引。練習寫下《聖經》章節也可以幫助我們背誦《聖經》，這也是值得擁有的屬靈技巧。從《聖經》來的餵養是永不枯竭的，總能使你成就某些事。

❺ 把從《聖經》讀到的教訓運用到你個人的生活上。這會幫助你從上帝的眼光，轉而觀察自己和別人。捫心自問：「今天的讀經教了我什麼？在我的生活中，與別人的關係中，

以及工作中，還有那些需要改正的？我已經準備好要改正
了嗎？上帝的話如何成為我今天生活的靈糧和活水？」

❻ 讀經的開始和結束都要禱告。

不斷仰望耶穌

不斷仰望耶穌，就是把我們的眼睛、心思、情感——及
我們的一切——全專注在祂身上。使徒提到不斷仰望耶穌在
我們信仰及傳道上是很必要的：「仰望為我們信心創始成終
的耶穌。祂因那擺在前面的喜樂，就輕看羞辱，忍受了十字
架的苦難，便坐在上帝寶座的右邊。」（希伯來書 12：2）

遵守和持續仰望有關耶穌的一切，那是必要的，因為祂
是我們創始成終的主。祂是我們的喜樂，祂是我們的救贖
主，擔當了我們的罪過，承受了我們的罪與羞辱。我們在祂
裡面，才能與上帝永遠同在。

耶穌對祂的門徒舉了一個大有能力的例子：「我是葡萄
樹，你們是枝子。常在我裡面的，我也常在他裡面，這人就
多結果子；因為離了我，你們就不能做什麼。」（約翰福音
15：5）我們被選召擔任男女執事時，我們的根要深深地扎

在祂的根基上，事工才會有效。就像枝子必須連結在樹幹上才能結果子，我們也應像枝子一樣連結在耶穌真葡萄樹上。當我們藉著尋求耶穌獲得餵養時，我們從祂得到的福氣和生命就會流向每一個和我們接觸的人。

我們怎樣與耶穌相連呢？懷師母說：「葡萄樹的生命便成了枝子的生命。照樣，死在過犯罪惡之中的人，因與基督聯合也可得到生命。由於信耶穌為個人的救主，這種聯合便形成了。罪人就將自己的軟弱與基督持久的能力結合，人就有了基督的心。基督的人性接觸我們的人性，使我們的人性接觸到祂的神性。如此，藉著聖靈的功能，人得與上帝的性情有分，在愛子裡得蒙上帝的悅納。」——懷愛倫著，《歷代願望》第 687 - 688 頁，2001 年版。

身為男女執事，我們的生命只有與祂連結才有能力，因此我們要藉著禱告不斷地尋求耶穌，培養與祂持久的關係，從祂那裡得著力量和指引。

追求轉變

男女執事在自身方面需要「追求轉變」，這是第三個原

則。保羅寫信給羅馬的信徒，要他們記住基督徒負有重責：「不要效法這個世界，只要心意更新而變化，叫你們察驗何為上帝的善良、純全、可喜悅的旨意。」（羅馬書 12：2）

教會的服事是不能與世俗妥協的。假如我們的生活方式、習慣、交友、和思想以世俗為先，就不配當男女執事。身為基督徒要放棄世俗的優先順序和行為，尤其是被選召擔任教會事奉的人更是如此，過著積極和日日更新的生活來反照耶穌的品格。

當你尋求更新的生活時，你要「完全依靠上帝，否則就要先停下來，設法改變現狀。……要抱著饑渴的心懇求上帝。要同天上的使者角力直到得勝，要把你的身體和心靈都交在上帝手中，決心獻身作祂有愛心的僕人，受祂的旨意所感動，為祂的心意所支配，被祂的聖靈所充滿，……這樣你就能看清屬天的事了。」──懷愛倫著，《上帝的兒女》〈4月8日〉，2011 年版。

這種轉變的人生會降服於上帝的計劃、目的和要求。無論是為了關心他人的興趣或分享婚姻的美好與神聖，兒女的

管教或是伸手幫助孤兒寡婦，宣揚上帝的話或領人歸主受洗，忠心繳納十分之一或以虔敬的態度遵守安息日，男女執事們就能藉基督轉化的美好靈性為生活提供力量。

　　一個男執事或女執事經歷如此轉變，而且不停地仰望耶穌，過著禱告和讀經的獻身生活，就會發現上帝的能力能助他勝過撒但的猛烈攻擊，並且將教會的聖工帶向真實和勝利的路上。

家庭

　　男女執事決心過一個以基督為中心的生活，他們自己就會發現令福音事工產生果效的基礎。下一步值得關心的就是這一個人的家庭生活。一個緊緊地靠近耶穌，在主裡不斷成長的家庭不會給試探留餘地，或讓罪惡扎根。穩固的家庭不但可以確保他們靈裡的成長，也可以在教會裡服務他人。他們可以發現、盡力發展上帝賜給他們的才幹，並用於傳福音的事上，藉此可以成為別人的好榜樣，分享基督的同在，並祝福其他的家庭。

懷師母說：「天國最美妙的象徵應當使家庭完全名實相符。它應當是地上的小天國，是培養而不是故意抑制愛情的地方。我們的幸福端賴乎如此培養仁愛、同情，以及彼此之間的真實禮貌。」──懷愛倫著，《復臨信徒的家庭》第3頁，1995年版。

執事們怎樣建立一個強而有力的屬靈家庭呢？個人屬靈生活成長的方法也適用於家庭──研讀祂的話，不停地仰望耶穌，並且尋求改變。

研讀《聖經》

一個家庭若一起禱告就會緊密聯合，這不僅是一句口號而已。一個穩固的屬靈家庭，並不是意外的結果，而是一家人共同經歷到耶穌基督真是一家之主的結果。家庭裡的每一個人花時間共同靈修、讀經、禱告、服務別人，將會經歷到轉變和屬靈的能力，他們將大大地幫助教會。懷師母說：「上帝期望我們的家庭都作為天上家庭的象徵。但願作父母的，和兒女們天天都將這一點銘記在心，使他們彼此之間的關係猶如上帝家裡的人一般。這樣，他們的人生就必具有在世人

面前作為實例的特質，以證明凡愛上帝並遵守祂誡命的家庭可達到怎樣的地步。基督必得著榮耀；祂的平安、恩惠和慈愛，必如珍貴的馨香一般彌漫於整個家庭之中。」——懷愛倫著，《復臨信徒的家庭》第 5 頁，1995 年版。

努力營造自己的家成為地上的小天國，是每一個男女執事屬靈的責任。尊崇上帝的話，有固定的禱告與靈修，每一餐都是感恩的時刻，照顧貧窮和有需要的人，教導兒女上帝的道，快樂的遵守安息日。這樣的家庭將成為能力的高塔，成為上帝期望祂僕人所做的一個榜樣。

不停地仰望耶穌

個人的屬靈生命要強健成長，必須在一己生活中不斷地尋求與主同在，家庭亦然。個人藉著禱告和默想與耶穌建立美好的關係，家庭亦復如此。在家庭裡的禱告，不只限於祈求上帝幫助他人、或我們所面臨的挑戰而已。家庭的禱告肯定了上帝的愛在我們中間，並感謝祂對我們的帶領及祝福。禱告是我們靠近耶穌的特別方法，對個人和家庭都是如此。

帶來改變

當全家藉由研讀上帝的話，跟耶穌建立良好關係一起成長時，個人及整個家庭會按上帝的形象而有所轉變。有挑戰時，大家一起面對。所有的感受、想法、意見都可以公開地分享，每一個成員都彼此尊重。愛一直是家庭關係的基礎，沒了忿怒和怨恨，試探和罪惡就沒有機會扎根來破壞家庭的團結。父母們基於他們對耶穌的愛，分享堅強及愛的關係；他們的榜樣也教導了他們的子女如何在家庭以外、在教會、在學校及其他任何地方建立良好的人際關係。

懷師母總結家庭禮拜及一家人的團聚是多麼能讓兒女們受惠時說：「凡接受這種教養的孩子，就必……準備妥當以承當要職，並且必藉著教訓和榜樣，繼續不斷地助人為善。凡道德感尚未變得遲鈍的人，必尊重正確的原則；他們對於自己的天賦，必作一番公正的評價，而善自利用體力、智力、與道德力。這樣的人已有堅固的防禦，足以抗拒試探；他們已為一道不易攻破的牆垣環繞保衛著。」──懷愛倫著，《復臨信徒的家庭》第 5 頁，1995 年版。

當執事的個人和家庭生活靈命強壯時，就具備了在教會

建立一個強而有力的事工團隊的必要條件──一個可以抵抗撒但和他爪牙攻擊的事工。

事工團隊

上述結論引導我們進入第三層面：執事們的事工團隊。我們要如何幫助這個團隊，使其聚焦在靈命的成長及發展，幫助他們持續獻身並專心在他們事工的需要上？這種屬靈上的支持，可以成為一座搭建在團隊成員和教會之間的橋樑，並且在聖工的需要超過負荷時提供避難所。

但是事工團隊會議容易流於事務性形式的會議，處理例行性的事務又佔用靈性成長及團契的時間及空間。我們要如何把事工會議焦點，集中在耶穌身上，又能同時支持彼此及教會？穩固的關係、查經、與基督聯結、事工日誌，可以對男女執事的事工成長及屬靈生活提供一個基礎，我們用在個人及家庭成長的三步驟公式也適用於本階層上。

研讀《聖經》

《聖經》是事工團隊最佳嚮導。詩篇、箴言、傳道書、

福音書和使徒書信都是事工團隊智慧、激勵和力量的最佳來源。研讀《聖經》時可以用輪流的方式探討其中的範例。舉例來說，對男女執事而言，研究七個執事的起源，並基督服事的人生如何推動事工前進，就是很好的教訓。

事工團隊會議開始時要作禱告，接著是短短的讀經或默想，然後分組個人禱告或代禱。一張禱告及讀經主持輪值表可以鼓勵並堅固每個成員。偶而可以邀請牧師或來賓領會，可以帶來不同的看見。

不停仰望耶穌

時時刻刻邀請耶穌加入事工團隊。基督是我們的根基，是我們與上帝的連結，我們與耶穌連結就是我們能力的來源，也是我們個人和家庭屬靈成長的激勵。同樣的我們必須與祂保持緊密的連結，支持教會以及社群的聖工。但與耶穌連結不僅是理論而已，那連結會使執事們的服事結出許多的果子——幫助祂在地上的肢體成長。

使徒行傳提到當信徒們在禱告中聯合時，上帝的道就會廣傳，教會也會增長（使傳行傳 1：14 － 15；2：42，47；4：

18 － 33；8：15 － 25；10：9 － 18；12：1 － 25）。
所以今日的事工與禱告也是如此！教會領袖要帶領他們的教
友花時間一起追求耶穌──為彼此禱告，計畫及餵養主所賜
的果子。這些應許已記載在馬太福音 18：19 － 20，但其
條件是祈禱必須發自內心，要使教會合一，因著回答這些禱
告，眾人祈禱的力量就大過個人。這個力量將與教友的合一，
及他們對上帝和彼此的愛成正比。

追求成長

個人和家庭是藉著研讀《聖經》和與耶穌不斷成長的關
係而轉變的。這對今天執事的事工也是一樣，他們也會有所
轉變，且反映了早期教會第一批執事們的服事。

教會：堅固服事

到目前為止，我們已經探討了執事在不同層次──個
人、家庭、事工團隊等的靈命成長，他們是如何藉著讀經，
不停地仰望耶穌──我們信靠那創始成終及教會的創立者
──天天尋求轉變而被堅固。當這種屬靈的能力充滿了他
們個人的生命，家庭以及團隊時，他們將會發現整個教會在

屬靈的社群中變得更堅強，而且反照上帝的榮耀。就在看到
這個結果之後，全會眾整體需要繼續研讀上帝的話，繼續藉
著禱告、靈修來依靠耶穌，並且每天追求轉變的人生。只有
到那個時候，教會福音的工作才能真正反應出耶穌的品格。
只有到那時執事們的靈命才能完全成熟，也只有在那時他們
才能看見他們信仰的社群團體變得強健，足可抵擋撒但的詭
計，成為上帝的救恩典和耶穌大能的見證。

結語

　　當男女執事竭力追求屬靈的成熟、並按照《聖經》的標
準生活時，他們的生活就會成為上帝救恩大能的有力見證。
當他們在個人及職業生活以及教會裡保持一致時，他們就真
正成為 diakonia（執事）──就是那些獻身於服事教會，堅
固教會內部，吸引教會外面──耶穌基督信仰的團契。

第 **7** 章

事工夥伴

PARTNERS IN MINISTRY

　　地方教會的聖工需要不同階層的領袖，每一位領袖都有
特定的責任，而且所有的階層彼此都能配合共同運作，牧師
和助理牧師擔負地方聖工的領導角色。聖工的內容包括證道、
教堂的崇拜聚會、佈道計劃、教會的成長與發展、培養教友
之間和諧一致的氛圍、與區會保持聯繫、提倡管家責任、使
教會成為活潑的教會、成為復臨教會世界家庭一個積極的成
員。而長老則是地方教會聖工第二線的領袖，要發揮協助牧
師的特定功能。

　　第三線領袖包括男執事和女執事。雖然這個職分在使徒
時代的地方教會（參閱使徒行傳 6：1 － 7）是最先設立的職
位，但他們的功能不只是去關照窮人的需要。即便在早期，
男女執事最先只是地方教會傳道事工的夥伴，但是他們的使
命及影響卻是與日俱增。有些早期的執事，後來成為很有能
力的牧師及佈道家。例如，司提反是第一位執事，他在耶路
撒冷的猶太領袖和其他人面前，提出大有能力的見證，這可
以追朔到從《舊約》的亞伯拉罕到《新約》的基督被釘十字架、
復活、坐在上帝寶座右邊，以及上帝贖罪計劃的歷史等事件。
執事司提反對於聖工的忠心，最終領他走上殉道的路（參閱
使徒行傳 6：8 － 60）。另一位執事腓利也是如此，他接受

天使的指派，為一位衣索匹亞的官長講解《聖經》，並帶領他成為一個基督徒，因此，腓利成為了第一位將福音遠播到衣索匹亞的人（使徒行傳 8：26 － 40）。

　　因此，男女執事除了照顧教會身體及社區的需要以外，也要接受訓練、裝備及鼓勵，成為教會事工的夥伴。懷師母說：「事實上這幾位弟兄雖被派專任照顧窮人需要的工作，然而他們並非因此將傳道工作委託旁人。相反地，他們有充分的資格將真理教訓人，而且他們也以極大的熱忱從事這一工作，並獲得很大的成功。」──懷愛倫著，《使徒行述》第 69 頁，1995 年版。使徒保羅在他最後的書信中（提摩太前書 3：8 － 13）寫到有關執事的事工及生活應有的屬靈資格時，他認為執事必須扮演福音使者的角色。使徒確信男女執事是地方教會事工的夥伴，期望他們「知道在上帝的家中當怎樣行」，而「這家就是永生上帝的教會，真理的柱石和根基。」（提摩太前書 3：15）。

促進教會和諧

　　所有教友、包括男女執事，對福音聖工最重要的責任之一就是促進和維持教會的團結。教會的合一太寶貴了，不要

把它當作理所當然。任何團契裡的不合都會傷害基督的身體，羞辱祂的名，反倒幫撒但破壞教會團結的工作。《聖經》一直強調教會團結是上帝大能的見證。耶穌為祂的門徒禱告說：「使他們都合而為一。正如你父在我裡面，我在你裡面，使他們也在我們裡面。」（約翰福音 17：21）如前所述，使徒時代的教會為了解決早期教會兩大群體之間的不合，乃設立第一批執事（使徒行傳 6：1），為了照顧特定工作而任命七位執事這件事，後來證明對教會是很大的祝福。這些執事仔細考量了個人需要以及教會綜合的財務利益，藉著他們謹慎的管理和虔敬的榜樣，在將教會各項權益彙集成總的利益方面，他們對其他的同工提供了很重要的協助。

「這個步驟確是出於上帝的命令，因為在採取這一措施之後，緊接著就看出良好的成效。上帝的道興旺起來；在耶路撒冷門徒數目加增的甚多。」——懷愛倫著，《使徒行述》第 69 頁，1995 年版。

執事們如何促進並保持教會的和諧呢？

❶ 遵行早期教會的榜樣。「真理的使者無論在任何地方都能引人相信福音，均應以耶路撒冷教會的組織作為教會組

織的範例。那些奉命負責監督教會的人，絕不可以上帝產業的主管人自居，而是要作聰明的牧者，『牧養……上帝的群羊，作群羊的榜樣。』（彼得前書 5：2 － 3）；執事也必須是『有好名聲，被聖靈充滿，智慧充足的人。』這些人要聯合一致地在正義方面站穩立場，維護正義，堅定不移。這樣，他們就必在整個羊群中發揮一種團結一致的感化力。」
──懷愛倫著，《使徒行述》第 70 頁，1995 年版。

❷ 在你的言行舉止中展示你最看重教會的團結。無論是個人喜好、家庭或朋友的影響、小組的興趣及偏見，都不可以妨礙教會的聖工。教會領袖一旦有不公正的傾向就會滋生不和。

❸ 培養開放的氛圍和友誼。不要在爭議上選邊站。要有開放的心胸聽雙方的看法；鼓勵大家確信，當各方持不同意見卻願意將己見放下讓聖靈動工，並經由迫切禱告尋求聖靈引導時，沒有問題是解決不了的。在討論時，要避免駁斥的口吻或任何負面的情緒。焦點不要放在已經發生的錯誤上，而要放在未來要採取的正確方法上──只有埋葬過去，把未來向持久一致的行動開放時，教會的和諧才能維持。

懷師母說：「弟兄中間有難解的事，若不在大眾面前宣揚，而在自己中間秉著基督徒的愛心，坦白說明，豈不是要免掉許多罪嗎？許多人因『毒根』所沾染的污穢，豈不也毀滅了嗎？基督的信徒在主愛心裡的聯合上，將要多麼密切和溫柔呀！」──懷愛倫著，《山邊寶訓》第50頁，2005年版。

❹ 培養為教會的團結定期禱告的習慣。藉由持續禱告的事工達到教會的合一和長進，是每一位教友必須關心的事──特別是那些擔任地方事工的領導者，男女執事應是一個恆切禱告的榜樣。

❺ 拜訪那些對地方事工的特定人或事有異議的人。要謹慎，不要對爭議中的人發表不恰當的評論。不要偏袒任何一方，甚至讓人覺得你有偏見。試試找著與爭議兩方不同立場的第三方，必要時，可請一位長老或牧師幫忙。隨時求上帝赦罪的愛在雙方心中動工。

懷師母勸導處理教會內部紛爭時，既及時又有智慧，她說：「每當真理的信息以特殊的能力感動人心時，撒但總要

讓他的黨羽在瑣碎的問題上挑起爭論。他想藉此把人的注意力從真正的問題上引開。每當有人發起善工，就有吹毛求疵者趁虛而入，為形式或枝微末節問題引起爭論，使人的思想脫離生活的現實。在上帝行將用特別方式為祂子民作工時，萬不可中撒但的詭計而自相爭論，使人跌倒。最重要的問題是：『我是否以得救的信心信靠上帝的兒子？我的人生是否符合上帝的律法？』」——懷愛倫著，《歷代願望》第 399 頁，2005 年版。

事工的組織

雖然男女執事有專門的任務，但他們不能獨自運作不管別的教會領袖。他們的功能在聖工上就好像父母親要照顧所有的教友、牧師和長老。在教會特別的事工上，教會的每一個職份都有它預設的功能，他們一起促進教會的整體成長，使教會更有力量去完成她傳福音的使命。

懷師母說：「今日的教會就像在使徒時代一樣，需要維持秩序與規律。聖工的興旺大有賴於它的各個部門，由能幹的、資格充足的人負責。」——懷愛倫著，《救贖的故事》第 235 頁，1993 年版。

　　牧師、長老、男女執事彼此協助以滿足會眾需要。長老、男女執事支援牧師和主要領袖，大家各司其職；無論是靈命的餵養、佈道會、挽回教友、關心個人或家庭，單靠一個人是不能做到的。

　　男女執事在這個教會的關鍵任務中，擔任什麼特別的角色呢？在早期教會，執事的指派證明了對配合群體的需要、傳福音、教會持續的成長都是很大的祝福（參閱使徒行傳6：7）。執事「對於個人的需要以及教會的一般經濟收益，莫不予以細心的照料；而且由於他們審慎的管理和敬虔的榜樣，他們就在教會各部工作聯合的事上，成了同工的重要助手。」──懷愛倫著，《使徒行述》第69頁，1995年版。

　　在現今世界，當教會的成長和功能較繁複、且有眾多要求時，教會需要有良好組織的男女執事為成長中教會的各種需要而服事。這個組織包括成立執事委員會、定期開會、保存會議記錄，為重要的聖工服事預先計劃。

男女執事委員會

　　小教會或許只選了兩三個執事共同合作，如此一來就不

需要有正式的組織，大教會就有許多執事了，因此後者最好能組成一個執事委員會。牧師或首席長老可在執事選出來之後，立刻召集所有執事帶領他們成立執事委員會。在這個成立的委員會當中可以選出一位首席執事──一位靈命成熟、領導能力佳，受教會尊敬且有執事經歷的執事，另外選一位當執事委員會的書記。執事委員會的主席負責協調執事在教會的各種服事，及特定安息日活動的輪值表。

女執事委員會的組成和首席女執事的選舉可用同樣的原則，女執事會必須和男執事會密切合作，要確保崇拜聚會接待的氛圍溫馨而周到，尤其是在安息天。用正面態度和得體的話歡迎教友及來賓，可讓經常赴會者及來賓覺得崇拜聚會對他們非常有意義。招待不只是男女執事的一個正式職責，他們也是在崇拜聚會或《聖經》研究中一個喜樂的見證。

執事委員會

雖然沒有規定男執事、女執事一年要開幾次會，但是開會的時間表還是要提早在教會的年度行事曆上排定並做好計劃。除了固定的會期──每月、每兩個月、每季──也要隨時預備在緊急情況下召開不定期會議。執事委員會是訓練新

選出的男女執事的好機會，它對教友的需要提供了評估、識別、及實行的途徑。

委員會議程

委員會議程基本上包括下列的事項：

- 靈修或讀一段經文
- 禱告時間
- 簡短報告前次通過的計劃進度
- 計劃未來的活動或專案
- 列出服事的時間表及負責人，如：崇拜聚會、招待、收捐、聖餐禮、浸禮等等。
- 拜訪計劃表，列出預定拜訪家庭的清單，將地址分發給男女執事。
- 檢視教堂建築物的維護及維修。雖然有些教堂會請人打掃和保養，男女執事還是要輪流去監督這些工作。
- 其他事項
- 散會禱告

首席男執事、女執事和首席長老、牧師一起負責開會的議程。這些會議在合作的精神下召開並進行，將是男女執事委員會成功的關鍵。

執事委員會報告

　　確保執事委員會議記錄正確無誤是很重要的。這些會議記錄應交由教會書記存檔保存。教會書記負責將記錄連同其他教會事物資料，寄交相關的教會單位。

　　男執事的工作在教會服事上的範圍很廣，包括：

執事委員會組織表範例			
事項	負責人	預算	日期／預計完成日期

男女執事輪值表			
日期	謙卑禮	聖餐禮	其他

男執事的職責

男執事的工作在教會服事上的範圍很廣泛，包括：

❶ **聚會及會議的協助**——男執事通常負責在教堂門口歡迎教友來聚會，必要時幫他們找座位。他們也和牧師、長老合作，使所有的聚會都順利進行。

❷ **拜訪教友**——許多教會的拜訪是按地區分配由執事拜訪教友，希望每一個家庭最少每一季要去拜訪一次。

❸ **浸禮準備事宜**——男執事要準備浸禮所需一切。

❹ **協助聖餐禮**——舉行洗腳禮時，男女執事安排好所需要的一切東西，如：毛巾、臉盆、水或收納籃。典禮過後，他們要把用具和毛巾都洗好，保存起來。多餘的聖餐餅和葡萄汁不應該隨便丟掉，男女執事要在聖餐禮後用虔敬的態度處理。

❺ **照顧生病者、協助貧窮或不幸者**——男女執事被賦予協助生病的、貧窮的和遭逢不幸者的責任，要向教會反應他們的需求，徵募教友的支持。所需資金由賙濟金提供，經執事委員會通過後，司庫可將相關款項撥交男執事或女執事支用。

❻ **教堂財產的維護與維修**──當教會財產的維護和維修，不
是交由房產委員會負責時，需由男女執事負責。

女執事的職責

女執事的工作在教會服事上的範圍也很廣泛，包括：

❶ **招待及拜訪來賓和教友**──在許多教會，女執事協助在聚
會時歡迎來賓和教友，及拜訪無法來聚會的教友等事宜。

❷ **協助浸禮**──女執事要招呼那些準備受洗的女士，使她們
在受洗前、後都有妥善照顧。在需要時她們也要提供浸禮
的衣服。要準備適當材質的受洗袍，袍子用過後，女執事
要把它們洗好，小心地保存好。

❸ **安排聖餐禮**──男女執事要安排聖餐禮所需用的東西，用
完之後也要歸位並保管好。聖餐禮開始之前，女執事要把
聖餐禮的桌子擺好，包括聖餐餅和葡萄汁的準備，聖餐桌
的擺放，倒好葡萄汁，把無酵餅放盤子裡，用聖餐禮專用
的桌巾覆蓋。

❹ **協助洗腳禮**——女執事在洗腳禮時，要特別協助女性來賓
和新教友。

❺ **照顧生病和貧窮的人**——女執事協助男執事照顧生病的、
需要的和不幸的人。

❻ **教堂財產的維護及維修**——當教會裡教堂財產的維護和維
修，沒有交由房產委員會負責時，乃是由男女執事負責。

結語

地方教會是為了教友及所在地區的事工而存在。作為地
方教會事工的夥伴，男女執事經由地方教會的按立，以推動
教會各種必須進行的各種事工：福音事工、佈道、查經、探
訪、照顧弱勢者、管理教會財產等等。這些工作推動的好壞，
或是否忠心，都會影響教會的成長及效能。「上帝不是叫人
混亂，乃是叫人安靜。（林前 14：33）」祂要今日的我們
在辦理教會的各項事務上正如古時一樣，遵守秩序和規律。
祂希望祂的工作得以縝密而正確地向前推進，能得蒙祂的嘉
許和認可。基督徒與教會彼此之間都要聯合一致，使人的方
法與神的能力合作，一切機能都馴服於聖靈之下，大家聯合
一致將上帝恩惠的佳音傳給世人。」——懷愛倫著，《使徒
行述》第 74 頁，1995 年版。

第 **8** 章

維護上帝的家：
敬拜的地方

KEEPING THE HOUSE OF THE LORD:
A PLACE FOR WORSHIP

　　「人對我說：我們往耶和華的殿去，我就歡喜。」（詩篇 122：1）詩人所說的這些話提醒我們，沒有一個地方比上帝的家更能使我們快樂了。在那裡，無論是聖徒和罪人、富人和窮人、年輕人和老年人、權貴和平民、健康的和生病的，都可以進到上帝的家來，尋求內在的平安，聽有福的確據、上帝的話語，大聲高唱「歡欣，歡欣，我們敬拜你」，然後等候從高天來的祝福，去迎接前面未知的旅程。

　　要保持上帝的家和它周圍環境乾淨、整齊、有秩序及便利，是男女執事最重要的職責之一。「有系統和有秩序是上帝掌管宇宙的原則。秩序是天上的法律，也應成為上帝地上子民的法律。」（懷愛倫著，《給傳道人的證言》原文第26 頁）所以這應該是男女執事的職責——照顧好教堂實體的設備，使教堂成為一個受歡迎的地方；使教堂成為一個推動敬拜和團契的地方。

教堂設施的管理

　　男女執事身為教會的職員，其中一項特別的責任就是要管理好教堂所有的設施，從維護教堂的外觀起，到提供基本的必需品，以確保有一個溫馨的環境可以從事敬拜和團契。

這個工作的重要層面包括：

- 保持教堂外觀的整潔、美麗，予人好印象。因為教堂的外觀可能是人們進入這個教會時的第一印象。沒有整理的院子，再加上雜草叢生會給人很糟的印象。我們不會允許這樣糟糕的印象發生在自己家，那我們又怎能忽視我們敬拜地方的環境呢？

- 隨時修補待修理之處，如：破掉的窗戶、漏水、壞掉的椅子或長座椅、不亮的燈、擴音設備故障等。

- 制訂一套制度，專門處理有關於教堂院子、草地、停車場的問題。

- 維持一個恰當的清潔服事，專門負責定期照管教堂內外一般的需求，確保廁所乾淨整潔，而且需要的用品都齊全，壞掉的燈泡要更換，椅子和家具擦拭乾淨。也許一季一次，可以安排一個星期天為「教堂大掃除日」，邀請志願者貢獻他們的服務以使教堂既乾淨又吸引人。讓那一天成為既好玩又可聯誼的快樂時光，可能的話準備午餐。鼓勵所有的家庭把教堂維持在最佳狀態。

- 確保火警系統和消防系統都正常運作。

- 確保暖氣、冷氣系統正常運作。

- 知會堂董會或房產維修委員會預計修繕之主要工程，並且

協助訂定一個費用合理，也可行善的進度表。這類的工程
包括，例如：油漆、粉刷、鋪設停車場、修補屋頂、更換
教堂內老舊的零件。

雖然男女執事有責任維護照料教堂的產業，但並不表示
他們要做所有的工作。如果教會的經濟許可，應當編列一筆
教堂的維修預算，男女執事可以輪流監督合約方，是否正確
執行維修的工作。

來教堂敬拜上帝，是一個信徒們表現他們與上帝之間關
係最神聖機會。「對那些懷有謙卑、相信的人，上帝在地上
的家就是天堂的門戶。讚美的詩歌、祈禱，基督的代表所說
出來的話，都是上帝所指派的代理人，為天上的教會預備一
群人，因為那種崇高的敬拜進入了沒有任何玷污的地方。」
──《證言》第五卷，原文第 491 頁。

男女執事有這神聖的特權及責任，維護如同那「天堂大
門」的「上帝的家」之神聖性。他們唯有謹慎注意和小心計
劃，使來敬拜的人經歷一個熱情歡迎、服事及帶領敬拜的教
堂，才能算是達成使命。

熱情歡迎的教堂

男女執事的首要責任，就是讓來敬拜的人感覺到他們是受歡迎的，尤其是當他們第一步踏進教會時，即便牧師或長老會加入接待及歡迎教友和來賓的行列，此事仍是男女執事之要務。教會應該是一個友善的地方，她的手應該沒有差別地伸向所有的人。

男女執事可以藉由一些方式建立熱情歡迎的教會：讓敬拜者自在、組成的招待小組裡的每一個成員都有指定的工作、對特定的成員賦予特定的責任、建立支援小組，為特別的責任和活動組成小組。

讓所有進到教會裡的人，可以感受到他們進入了一個溫暖友善的地方，在那裡他們可以感到個人受到尊重，乃至於屬靈祝福和成長的需要也可以被滿足。男女執事要注意下列的事項：

- 教堂內外的環境都應該保持清潔和吸引人。教堂的入口要有美感、井然有序；可以適當地利用花卉，接待桌及節目單等。一張節目單和一個溫暖的握手，可以讓赴會的人感受歡迎和即將到來的祝福。

- 如果可行，可邀請牧師和長老也在門口歡迎赴會者。
- 記錄新朋友的資料，盡量帶他們去想要坐的位子。
- 避免開玩笑、不必要的評論、或不合適的言語，這些都會給來賓留下負面的印象。
- 鼓勵教友對來賓友善有禮貌，幫忙他們熟悉放在架上的《聖經》及《讚美詩》。
- 安排招待負責帶位，尤其是教堂坐滿時，還有帶位的招待也可使聚會增加尊貴和禮儀的氛圍。
- 確定每一個來參加聚會的人都有節目單。鼓勵教友引導來賓如何利用節目單信息及參與敬拜，例如：回應「啟應經文」，一起唱詩，以敬虔的態度禱告。

服事的教會

　　雖然期望全體教友都能對與會者、來賓，特別是初來者傳達一種溫馨和歡迎的氛圍，但男女執事還是要建立一個正式的組織，分配每個人的責任。下列的表格可以當作這種組織架構的工具，雖然在各教會並不是每一個職位都需要。

職　位	工　作　性　質
招待員的總協調人	組織、監督招待員的工作
指派擔任輔導員的教會長老	支持招待員的總協調人，並與之同工
堂主任／區主任	支持招待員的總協調人的工作
婦女事工領袖	與招待員的總協調人一同工作
個人佈道領袖	支持並協助訓練，跟招待組同工
關懷協調員	跟招待員的總協調人同工
書記	負責訂購材料、記錄、準備報告
招待員	在教堂門口或停車場歡迎大家
助理招待員	在教堂裡面招待
連絡招待員	直接招待來賓
男女執事	擔任招待員
查經班領袖	接待問候查經班的學員
宣道夥伴	拜訪對查經有興趣的人，並為他們查經
禱告小組	為來賓和他們的需求禱告

　　上面的表格將不同的工作指派給特定的個人，以確保眾
多的教會功能順利運作，男女執事委員會可以指派特別小組
去負責定期的教會功能。無論小組從事何種事工，它都應知
道所要扮演的角色，並接受訓練以達成目標。而所有小組成
員作工的條件，乃是需要一個充滿禱告的事工、與其它小組
的合作、定期執行檢討及評估，以及學習改進的意願。

　　以下是成為服事導向的教會可組成的重要小組，但需經
過執事委員會的確認及表決通過。

招待組

　　這組的責任是歡迎來聚會的人，並使他們有賓至如歸的
感覺。包括在停車場指揮交通，天氣不好時準備雨具，在教
堂門口歡迎大家，發節目單和小冊子。如果需要，引導他們
到座位上；包括安息日學分班教室或者不同的聚會場所。招
待員或許就是來聚會的人近距離第一個接觸的人，因此，一
個真誠的微笑和握手都是表達真切歡迎的適當方法。

助理招待員

　　助理招待員負責協助他的小組在教會內部的工作——幫

忙來聚會的人找到合適的位子，引領那些帶著孩子赴會的家長到適當的地方，隨時注意來賓或第一次來參加聚會的人，如有安排愛宴，邀請他們參加，或許帶某一個人或家庭到家裡用餐。

書記小組

依教會和來賓流量的大小，決定這個小組裡的書記人數。這個小組的工作包括：登記來賓姓名、連絡方式、及任何特別需要；例如：牧師拜訪、查經或禱告，把這些事都記下來留檔，並且安排恰當的後續工作；預備跟聚會相關的材料、小冊子、免費贈書……等的充分供應。

關懷協調小組

關懷協調小組的工作是跟有特殊要求的來賓做好跟進及後續連繫。最理想的是在要求的一個禮拜內就要跟他們連繫，可以用電訪或親自拜訪的方式，依他們所表達的需要而定。牧師拜訪、禱告、查經、探病或是牧師協談等要求，要認真對待，連絡相關的人不要延誤。關懷小組協調員可以寄問候卡給來賓，表達教會感謝他們的到來，請他們再來聚會，使崇拜聚會更加豐富並表示願提供協助。

支持小組

　　這組包含受過探訪，代禱、查經、家庭禮拜、兒童訓練和家庭預算管理等訓練的人員。教會應該提供給有需要並且想參與這些事工的人接受訓練的機會，教會可以視需要舉辦訓練營、研習會或檢討會。區會應經常為需要帶領事工者提供相關的研習會。支持小組也可以帶領教會協助某些方面有特殊需要的領域：如心理輔導、悲傷管理、財務建議……等。但是必須注意，對於需要專業訓練的領域不可介入。

　　有些支持小組就是由教會裡志願從事本事工並受過專業訓練的人組成的，這些人有醫生、護士、健教人員、教師、諮商師、心理學家、律師還有一些希望貢獻他們的心力於教會對外那些需要幫助者的事工。然而支持事工要在專業範圍之內，如果牽涉到治療，要讓他們及專業人員去處理。

敬拜的教會

　　男女執事每一個人都有責任要確保教會崇拜的活動順利進行且美好神聖。這些責任需要在不同層面有一些特別的立約：個人的、組織的、公關的及其他敬拜活動。

個人立約

　　大部分男女執事的職責都跟公共事務有關，所以多注意哪些因素可以增進這方面事務的果效是很重要的，並且要慎防可能扭曲這些關係的因素。下列幾項要注意：

- 穿著要恰當，有品味、謙恭。梳理整齊的髮型、必要時使用口氣清新劑、鞋子乾淨整潔，還有其他可以令你的儀表端莊大方的方式。
- 在聚會開始前 30 分鐘到達，安排服事的預備事宜。

關於小組

　　男女職事在教友們來教堂聚會前，甚或在就座之後都有許多安排的任務。在安息日學及崇拜聚會開始前所有的事情都須即時有序地完成方不致因任何延誤或阻礙影響準時開會及聚會的進行。要牢記下列幾點：

- 確認教堂入口、大堂、講台布置及影音系統都預備妥當。
- 熟悉教堂各部門的位置，諸如兒童室、媽媽室、教堂辦公室、廚房及餐廳、社區服務、洗手間等。
- 確認教堂大廳和接待區已預備妥當，發送的資料已擺放在招待桌上：如教會節目單、奉獻袋、《聖經》、《讚美詩》、

學課、見證小品、筆、教堂的活動資訊、來賓登記資料、
特殊需求卡等。

- 確認大堂內部一切都已為聚會做好準備。架上的《聖經》、
《讚美詩》及奉獻袋是否充足？在聚會進行時，還要赴會
者自己去找材料是很尷尬的。

- 隨時可以回答赴會者、特別是來賓提出的問題，今天誰講
道？安息天有為兒童及青年人特別設立的聚會嗎？安息天
下午及週間有聚會嗎？如何安排牧師和長老去家庭和醫院
探訪需要者？男女執事的效率與他們對地方教會及它的事
工熟悉度成正比。

- 確認急救箱及材料都備妥，並指派人員處理緊急的狀況。

- 關心有特別需要的人。 男女執事要確保那些有特別需要
的人得到妥善的照顧。要把他們當作基督重要的肢體歡迎
擁抱他們。教會應該提供無障礙空間方便輪椅進出，安排
人幫忙身障者，也應提供育嬰室，讓母親有地方餵奶換尿
布，機動地處理在聚會中隨時可能發生的緊急狀況。

公關方面

敬拜的環境是從教堂入口開始，教友及來賓一踏進教

堂，第一個看見的人也許就是男執事或女執事。你要給來賓良好的第一印象，或擁有熱烈歡迎定期赴會的教友或朋友的能力。在教堂門口表露的服事和顯現的友誼，會對上帝的榮耀和教會成長及事工發生持續的影響。下述幾點有助於在教堂裡建立一個好的公關事工：

- **認識教友。**盡可能記住他們的名字，在教堂門口或教堂裡，你以迎接來賓的方式，去歡迎一位經常赴會的教友是很令人尷尬的。

- **認識教會的職員。**要熟悉教會領袖的名字和他們的職責。包括長老、執事、安息日學主理、教師及各部門領袖。

- 要靈巧、有耐心、有熱情。一個開朗的微笑、沉著的說話方式以及殷勤的態度可與教友及來賓建立良好的互動。

- **對大家一視同仁。**無論種族、性別、宗教信仰、文化背景、經濟情況或個人外表，都要公平對待。

- **允許個人的選擇。**盡量讓敬拜者選擇他自己想要坐的位置，如果某些區域是有特別原因而保留，不能讓其他人坐的話，要標示清楚，如獻嬰禮或洗禮，要在椅子上貼標示。

- **讓來賓瞭解在聚會進行時的一些規矩**；如關手機，聖餐禮的程序等。

- **要殷勤且能及時提供協助**。有時因為特殊理由，來賓會比其他人先離開，當他們離開時，要謝謝他們的參加，歡迎他們下次再來。隨時提供他們需要的資訊和協助。
- **謹言慎行**。避免流言八卦、批評，或會對聚會有負面影響的言論。
- **把每一次的接觸當作是建立新友誼的場合**，積極邀請他們再次回來聚會。

崇拜聚會

崇拜聚會是上帝的子民聚集在教會的中心焦點，所有的事奉都要有適當的禮儀和次序（有關男女執事要求的一般準則，請看《教會規程》第十章）。下列幾點可以幫助崇拜聚會更美好、更蒙賜福。

- 男女執事和他們的家人最好分坐在教堂四方的位置，以便有特別需要時，可以及時反應。
- 引導遲到的教友或來賓至定位，以避免他們或其他已經坐好位子的人造成尷尬。
- 在服事中表現耐心、判斷力、禮貌，盡你的努力維持秩序並保持敬拜的莊重。

- 與家長一同致力於「在敬拜過程中隨時把孩子待在身邊」的重要性，提供孩子們有事情做（比如著色本）以維持敬拜的莊重。定期舉辦研習會，討論孩子及如何使孩子成為祝福及對上帝敬虔的重要性。

- 將什一捐及奉獻安排為崇拜聚會的一部分。重點不在於「收捐」，而是在於什一捐或奉獻的管家職責及它們的神聖性。

- 協助教會司庫一起點數捐款。「一般的捐款沒有放在特別的信封裡，司庫需要當著另外一個職員的面數算捐款，最好是執事，然後把收據交給這個職員。」──《教會規程》原文第 83 頁，2015 年英文版。

- 崇拜結束後，當所有的人都離開教堂，確認影音設備都已經關好，也收拾好了。關掉所有的燈，設定警報系統，然後鎖門。有時候，會有一些人留下討論有關未來事工計劃等事情，或者有些人留下來特別禱告或和牧師談話。這種情況的話，最好有一個執事留下來，確保上帝的家已經安全關好了，直到上帝的子民下次再相會一同敬拜為止。

結語

上帝的家吸引我們到祂裡面經歷喜樂，然而最重要的特點是什麼呢？不是建築的宏偉，或華麗的桌椅，或是外部的裝飾及內部的美麗，也不是管風琴的富麗堂皇。某個教堂也許擁有這些，甚至更多，另一個教堂也許只是茅草屋頂及泥地的小屋，但它們都是上帝的家。上帝的家是上帝子民聚集敬拜、聽道、禱告及團契的場所。它是慶祝我們救恩的場所；它是向四鄰宣告上帝我們的主掌權，並邀請那些「凡勞苦擔重擔」的人，可以在祂裡面經歷安息的地方（馬太福音11：28）。男執事和女執事有神聖的責任來維持上帝之家的榮耀與尊嚴。

溫馨提醒

【招待及領位】

特別是在較小的教會裡男執事和女執事經常要擔任招待。這可以使你有讓第一次接觸教會（去教堂）的人一個正面印象的機會。

按照耶穌的佈道模式，你可以從最年輕的到最年長的傳達對他們的關懷。微笑，看著人們的眼睛。

給予溫暖的握手和寒暄。對那些有特殊需要的人，要靈敏且有技巧，要格外的關注。有時人們在門口停下談話擋住了教堂的通道。溫柔地，親切地引導他們離開門口。

來賓到來時表達歡迎，並陪同他們通過第一個寒暄點，自我介紹，並得悉他們的姓名。留心聽他們提到的任何信息，如「最近搬家」或「正在尋找教會」。如果他們似有興趣，就給他們教會及相關事工的資料。有些來賓願意簽留言簿，有些則不願意。

溫馨提醒

再次地要靈敏並小心不要讓來賓感到不自在。如果可能的話，把他們介紹給其他的教友，邀請他們參加團契晚餐或到特別為接待來賓的家庭。另外，教堂或許願意在散會後提供飲料，作為大家和來賓交流的一種方式。如果天氣好的話，在戶外提供一些點心更好。

如果教會有指定的招待，男執事和女執事可以支援他們，當來賓從教堂大門進入教堂裡面時，可以接續接待他們，如果來賓有孩子，帶他們到適當的安息日學教室，邀請大人和你坐在一起。

有些教堂，有指定執事幫雙手拿滿東西的人開門，尤其是在有愛宴的安息日。老人家和有幼兒的家長也需要有人在門口幫忙開門。如果下雨或下雪，執事可以準備傘從停車場接他們進教堂。（這是新執事最好的工作！）這些小小貼心的行為加總起來，就會給人熱情和溫暖的感覺。

協助人們找到座位，或在會聚會中發送或收集資料也是幫助牧師及各領袖維持聚會順利進行的另一個重要方法。

第 **9** 章

浸禮

THE BAPTISMAL SERVICE

「聖父、聖子、聖靈，有無限的能力而無所不知，……
顯現在每次的浸禮中，要接受浸禮者願意放棄世界並接受基
督進到他們心靈的殿中。這些受洗者已經進入了上帝的大家
庭裡，他們的名字刻在羔羊生命冊上了。」──《基督復臨
安息日會聖經註釋》第六冊，原文第 1075 頁。

在這裡，懷愛倫描寫了浸禮的神聖性。凡是願意放棄罪
惡，公開承認耶穌為個人救主，並接受浸禮的人，不僅成為
當地教會的一分子，也是上帝天國裡的子民。因此，浸禮是
人內在的改變和獻身的外在表現，在天上也要這樣為這個人
歡喜（參閱路加福音 15：7），因為他誠懇認真地跨出了至
關重要的一步。

像浸禮這樣神聖的儀式，必須很細心地進行，因它有其
嚴肅的目的。浸禮不只是一個儀式，它是一種向眾人公開承
認的神聖慶典，因有一人向過去的罪死了，現在奉耶穌的名
重生成為義人。所有參與浸禮準備的人──不論是向受洗者
查經的人，施浸的牧師，歡迎受浸者加入的教會，準備協助
浸禮事宜的男女執事們──他們都有一個很神聖的責任，那
就是要確保整個浸禮過程順利神聖。

　　本章僅討論男女執事在浸禮過程中的任務，例如：一般原則說明、受浸者應有的準備，以及如何準備浸禮。

一般原則

　　雖然要受洗的人已經準備好要受浸了，可是這段走進水裡再從水中出來的經歷，可能會讓一些人、尤其是較年幼或年長的受洗者，感到有些緊張或沒有安全感。因此，為要使浸禮進行順利，男女執事們可採取下列的步驟：

• 和牧師一同安排讓受洗的人熟悉，在會眾面前承認復臨教會的基本信仰，並立約決心照著約定生活。「如果無法在會眾面前承認，可交由長老會議考核，考核報告應在他受浸前交給教會。」—《教會規程》原文第 45 − 46 頁，2015 年英文版。

• 鼓勵受洗者儘量放輕鬆，給他信心，向他保證這個受洗儀式是由有經驗的牧師主持，會盡可能溫和處理他下水以及從水中起來的動作。

• 下水時避免所有可能不舒服的因素。要防止任何突發的反

應破壞了神聖的浸禮，男女執事要向受浸者簡單描述浸禮
池的水溫和深度。

- 身體方面有障礙的受浸者，執事要採取適當的步驟去幫助
  他／她。有些情況需要男執事或女執事陪同，一起走進浸
  禮池，身體障礙不僅指永久性的殘障，也有可能是下列情
  況：手或腿斷了打上石膏的。這種情況，建議受浸者徵求
  醫院方面的意見，是否要延後浸禮，等到石膏拆掉或行動
  不便的狀況解除，再接受浸禮。

- 為教會準備足夠、且不同尺碼的受洗袍。懷師母給我們一
  些實務的勸勉：「領浸的禮服應當用結實的深色布料，不
  會浸水褪色的，並且禮服下半身應當加重，以免入水時禮
  服飄起。禮服應當乾淨整齊，按照教會認可的式樣裁製。
  切不可在衣服上加裝飾，也勿加上花邊或縐摺。一切裝
  扮、修飾或點綴，都不合宜。領浸的人若深知聖禮的意義，
  就必無個人裝飾之念頭。雖然這樣，但也不可襤褸不齊，
  因為那是冒犯上帝的。凡與此項聖禮有關之事，都當表現
  出己盡所能地預備好了。」──懷愛倫著，《佈道論》第
  152 頁，2003 年版。

- 男女要安排個別的更衣間，每個房間裡要有以下的配備：
  掛衣架，讓受洗者可以掛他們的衣服，椅子或長椅讓受浸
  者可坐著等候受浸，準備小板凳讓受洗者可以放他們的鞋
  子。鏡子、塑膠袋或其他容器可以裝他們的濕衣服。

- 如果可能，安排施浸的牧師有個人通道可以出入浸禮池。

- 要確認受洗池進水和排水的安全措施均到位。受洗池要加
  裝扶手和防滑墊。如果浸禮在河邊或海邊舉行，一定要有
  特別的安全措施。無論在那裡受洗，一定要確保所有受浸
  者的隱私受到尊重和保護。

受浸者的準備

男女執事在浸禮之前，要聯絡受浸者預備好下列事項：

- 浸禮的日期和時間。假如受浸者在浸禮前想跟施洗的牧師
  談談，應盡可能安排。
- 受浸者要帶下列的東西：需要更換的衣物、內衣、拖鞋、
  毛巾、梳子等。
- 準備邀請卡如下，受浸者可以用來邀請朋友和家人。

與你分享我的喜樂！

經過一段時間的虔誠禱告、查經和自我檢試信仰的生命過程之後，我已經作出人生最重要的決定：接受耶穌基督成為我個人的救主，並接受祂白白賜給我的救贖。我將藉著這次浸禮成為祂教會的一分子。

浸禮將於＿＿＿＿月＿＿＿＿日於

＿＿＿＿＿＿＿＿＿＿＿＿＿＿＿教會舉行，

地址是＿＿＿＿＿＿＿＿＿＿＿＿＿＿＿＿＿＿

**誠摯地邀請你的出席, 並為我代禱,
同時分享我新生命的喜悅。**

＿＿＿＿＿＿＿＿＿＿＿＿（簽名）

準備浸禮

男執事的職責：

- 確認浸禮池的水放滿，水溫也要恰當。假如要在戶外受浸，如在河、湖、或海邊，浸禮的前幾天要檢查周遭的安全措施。如果有必要，安排一兩位有技巧和熟悉救生程序的救生員在現場。

- 檢查通往受浸池的入口、台階和舉行浸禮的場地是否清潔安全。

- 確認施洗牧師使用的麥克風設置妥當，確認沒有漏電。

- 跟女執事合作，讓受浸者知道要穿什麼衣服受浸。男執事向男性受浸者說明，女執事跟女性受浸者說明。

- 和女執事合作，為受浸者提供合適身材大小的受洗袍。如果不夠，請受浸者帶一件適合更換的衣服來。

- 浸禮約言後，帶男性受浸者到更衣室，需要時給予協助。

- 協助男性受浸者出入浸禮池。

- 隨時支援施浸牧師所需的協助。

- 浸禮完畢後，採取合適的措施，放空浸禮池的水。

女執事的職責：

* 確認教會的外觀和佈置完好。
* 事前與女受浸者確認浸禮時的適當穿著。
* 確保每一個人都有合身的受洗袍。
* 浸禮約言後，帶女性受浸者到更衣室，需要時給予協助。
* 協助女受浸者出入受浸池。
* 隨時支援施浸牧師所需的協助。
* 手邊備妥毛巾及受洗袍，因應突發的情況。
* 浸禮結束後，收集受洗袍並洗淨燙熨，將其收存妥當。

結語

　　浸禮通常以呼召和禱告結束。呼召是源自浸禮本身的神聖性，這個神聖性並不在於儀式中的水或儀式本身有什麼神奇的改變力量。它乃在於是認罪悔改，接受耶穌基督為個人救主的一個記號。入浸禮池的儀式本身並不能洗除人的罪，浸禮只是我們內在改變的一個外在行為。這個行為是在眾人面前承認耶穌是個人的救主，這項承認也是個人要拋開過去的老我，迎向一個全新的自我，從有罪的生活，轉向義人的

生命，從遠離上帝到順服上帝的旨意。這種改變是我們迎向新生命勇敢跨出的一大步。在耶穌裡才有新生的可能性，這是浸禮結束時牧師必須做的，就是向還沒有受洗的人發出呼召、也向那些考慮要受洗的人、觀看受浸儀式而心受感動的人、或聖靈在他們心中說話的人發出呼召，更是藉此機會向那些可能想重新受洗的人發出呼召。

當眾人以舉手或站立方式回應呼召時，牧師可以邀請他們留下姓名，以供查經禱告及拜訪之用。男女執事要準備好分發連絡卡，散會時可以在門口收回這些卡片，放在教堂辦公室檔案，做後續跟進的工作。

呼召之後，施浸牧師要為受浸的人特別禱告，祈求聖靈的大能帶領他們走向新的人生。在禱告中也要包括之後計劃要受洗的人，最後，浸禮要帶著這樣的盼望結束。男女執事和其他的教會成員要確認新受浸的人，在浸禮結束時，受到會眾的接納及歡迎。

執事手冊
Deacon's and Deaconess's Handbook

第 **10** 章

聖餐禮

THE COMMUNION SERVICE

　　聖餐禮也是眾所皆知的「主的晚餐」。這是耶穌在釘十字架的前一天親自設立的禮節，正如逾越節預表上帝拯救祂的百姓出埃及脫離為奴生活，主的晚餐是耶穌被釘在十字架上為救我們脫離罪惡得到救恩的一個重要表徵。「如此行，為的是記念我」的命令，帶有下面的目的：「你們每逢吃這餅，喝這杯，是表明主的死，直等到祂來。」（哥林多前書11：24 － 26）因此，舉行主的聖餐是表明耶穌為我們的罪而死，將來祂還會再來接我們到天父榮耀的國度裡去。

　　因此，擘餅和喝葡萄汁是我們信心持久的象徵，表明直到祂再來的真意。當耶穌的死不再是基督徒信仰及生活的中心；當十字架不再代表基督徒的生命、關係和希望時——福音也就失去了它所有的意義。

　　聖餐禮的目的，就是為了防止那一刻會發生在個人或會眾身上。「聖餐聚會的神聖性，今日仍與耶穌基督當年制定這儀式時無異，每逢舉行此一聖餐時，耶穌仍必臨格。」——《教會規程》第 104 頁，2005 年版。「基督必在這些祂自己所指定的約會中與祂的子民相交。」——懷愛倫著，《歷代願望》第 650 頁，2001 年版。

因為餅和葡萄汁象徵基督的身體為我們捨，血為我們流，所以聖餐禮應伴隨著謙卑禮，即所謂的洗腳禮。耶穌設立這個洗腳禮，是預備大家可以參加聖餐禮。「我是你們的主，你們的夫子，尚且洗你們的腳，你們也當彼此洗腳。我給你們作了榜樣，叫你們照著我向你們所做的去做。」（約翰福音 13：14 － 15）

「基督藉此設立了一個宗教禮節。由於主的榜樣，謙卑禮已成為一個神聖的儀式。耶穌要門徒遵守這個儀式，為了永遠紀念有關謙卑與服務的教訓。」

「謙卑禮是基督定為參加聖餐的準備。我們心中若存著驕傲紛爭和爭先恐後的意念，就是沒有準備好去領受祂的身體和他的寶血。因此，耶穌規定要先遵守這個記念祂自我謙卑的禮。」──懷愛倫著，《歷代願望》第 660 頁，2001年版。

如果餅和葡萄汁是我們以下對上的認知：明白救贖大功是倚靠耶穌在十字架上為我們死才能實現，那麼洗腳禮就是我們信徒對彼此的認知了；它是一種順服，是基督徒生命的

要求，洗淨一切的罪污。「洗腳禮中心的屬靈經驗是從一個普通習慣昇華至神聖禮節。它含有饒恕、接納、確信和團結，從基督到信徒，但同時也在信徒間。這個信息就表達了謙卑的氣氛。」──《教會規程》第 105 頁，2005 年版。

洗腳禮是和諧、合一最有力的表徵。當彼此的關係不睦時，它提供了一個療癒的時機以及和解的機會，進一步對外建立合一的基督徒關係。

牧師和長老負責執行許多聖餐禮的禮節時，男女執事要作很多事前的預備──查看洗腳禮所需物品，確認餅和葡萄汁的有序分配，以及正確地照料儀式的所有細節。「凡與〈聖餐禮〉有關的每一物件，都應盡可能地有完全的預備。聖餐禮不應該無序地舉行。」──懷愛倫著，《佈道論》第 129 頁，2003 年版。

溫馨提醒

【謙卑禮（洗腳禮）】

大多數教會在謙卑禮舉行時為孩童們準備故事，或一些活動。這可以是和聖餐禮有關的故事和活動，幫助孩子們了解聖餐禮的意義，進而期待它的舉行。

男執事通常負責照料聖餐禮的勞力事宜，如聖餐桌的擺設，謙卑禮時毛巾和臉盆的放置，他們要為男士們把水和臉盆分配好，特別要注意來賓，新受浸教友和年長者。

女執事通常準備聖餐餅和葡萄汁，以及聖餐桌的擺放和桌巾覆蓋。他們要為女士們把水和臉盆分配好，也要特別注意來賓，新教友和年長者。

可以為那些無法跪下的人預備矮凳子。有些教友可能更喜歡坐著彼此洗手。這特別適合於那些坐輪椅，或在家中臥床的人。提供必要協助，使每一個希望參與這個美好的、潔淨的經驗的人都可以如願以償。

温馨提醒

　　許多教會發現鼓勵參加謙卑禮的人，在離開前彼此為對方祈禱，可以促進體貼和關懷的氛圍。一同分享經文或大家一同唱詩歌也很有意義。

預備聖餐禮

　　復臨教會通常一季舉行一次聖餐禮，它也可以在特殊節日時舉行，如祈禱週結束前，或是新年獻身儀式時等。一季一次常規的聖餐禮應該和崇拜聚會合併舉行。舉行聖餐禮最少要在前一個安息天就在會眾面前宣布，好讓大家能夠準備，以自省、愉快的心情預備。由按手過的牧師或長老來主持這個禮節；男女執事的角色是準備所有的物品，安排位置，分送餅和葡萄汁給參與聖餐禮的人。下列幾項是男女執事應該注意的：

● 聖餐禮前幾天開預備會議，開始先禱告祈求聖靈在教友中動工，以便在將要舉行的聖餐聚會中，能有莊嚴合一、喜樂及和解的氣氛充滿。每一位男女執事都要分配工作，以便所有責任都有序地安排好。

● 復臨教會的聖餐禮採開放的方式。「凡已將自己的人生交託給救主的人，都可以參加。兒童們由於在座觀看他人參加，便能明瞭這項聖餐禮的意義；以後在浸禮查經班接受了正式的教導，並領浸將自己交託給耶穌之後，他們就準備好可以自己參加聖餐禮了。」──《教會規程》第 107 頁，2005 年版。

- 男女教友應被安排在不同的房間舉行洗腳禮。「如果那裡有樓梯或距離上的問題，對於傷殘人士就該作特別的安排。有些地方，如果為社交上所認可，而衣著方面也無失檢不當之處，就可作個別的安排，使丈夫和妻子、或父母和已領浸的兒女，能在一處參加洗腳儀式。」——《教會規程》第115頁，2005年版。

- 確定禮節中需要的所有東西都備妥：洗腳禮——臉盆、水、毛巾、座位的安排、洗手用的肥皂；聖餐禮——足夠的餅及葡萄汁；聖餐桌——備妥容器、餅、聖餐杯、蓋在杯和餅上面遮蓋用的布巾、大桌巾；安排主持聖餐的主領者及男女執事的座位。

- 根據指導原則準備餅和葡萄汁，要確定沒有發酵的餅和不含酒精發酵的葡萄汁，發酵代表罪。

- 在聖餐禮前最好所有參與的人先排練一遍（牧師、長老、男女執事）協調所有參與者的細節，讓參與的人知道他們的角色、次序和時間分配。

參加聖餐禮

崇拜聚會的第一部份，按正常形進行式：歡迎、唱讚美詩、牧養禱告、唱詩、奉獻。接著牧師簡短的證道後，向會眾歡迎並說明聖餐禮的喜悅和挑戰。牧師作結語時，他／她要指出洗腳禮的重要意義，並邀請會眾分組參加這個重要的禮節。從那時起到聖餐禮結束，男女執事有很重要的職責要行使，例如：

- 必要時引導教友到指定洗腳禮的地方。特別注意新來、或較害羞的參與者，他們可能不好意思找人一起洗腳，幫他們找同伴或者自願當他們的同伴。

- 也許不是所有來參加崇拜的人都參與洗腳禮，可能有些來賓和小孩子留下來，但沒有參與洗腳禮。但為了維持這個敬虔時刻，男女執事可以安排與敬拜有關的音樂、唱詩或講故事。

- 在舉行洗腳禮的房間裡，安排大家一起唱熟悉的詩歌，或準備背景音樂。

- 每一個參與者在洗彼此的腳前，可以先握住對方的腳作個禱告，或者兩個人在洗腳禮後為彼此獻上禱告。

- 所有的人在指定的地方結束洗腳禮之後，指派一位執事或長老鼓勵大家圍成一個圈圈，手牽手，作一個禱告。這個禱告要包含對上帝賜給我們十字架上救贖的恩典，基督徒間交誼的喜樂，彼此和解合一的機會，以及耶穌即將再來的盼望和感謝。

- 洗腳禮結束，大家再回到剛才聚會的教堂裡，跟家人一起等候參加聖餐禮。

聖餐禮

當參加洗腳禮的人都回到教堂時，男女執事和主持的牧師、長老，穿著整齊進入事先安排好的聖餐桌前，每一個人站好自己的位置，默禱、唱詩，使大家進入敬拜，虔誠的心靈狀態。禮節進行程序如下：

- 將聖餐禮的象徵物放在桌上，儀式前或後都要用大桌巾蓋

住，準備好時，主領人點一下頭示意，兩位事先已經指定
好的女執事就要向前揭開蓋在桌上的桌巾，等到儀式全部
完成時，同樣的人再把它蓋回去。

- 主領人把聖餐餅盒上的蓋子打開，然後讀一段經文：如哥
  林多前書 11：23 － 24。會眾則留在座位上低頭默禱，
  等到在聖餐桌前的人一同跪下，主領人再禱告祝福這餅。

- 起身以後，牧師和長老象徵性地擘餅。然後傳給男執事和
  女執事，他們再一排一排地分給會眾，分送時不要太匆
  忙，要有次序。

- 當男女執事回到桌前時，牧師和長老將餅分給他們，然後
  彼此也各拿一塊餅。主領人要確定每一個人都拿到聖餐餅
  了，然後說一句適當的話：如哥林多前書 11：24 耶穌說
  的話，然後邀請大家一同吃這個餅。

- 主領人把餅蓋上，打開葡萄汁杯的蓋子，讀哥林多前書
  11：25 － 26。然後禱告、分杯、一同喝。

- 男女執事收好空杯回到桌前,再把大桌巾蓋上。

- 另外一個分餅分杯的替代方式也不失聖餐禮的莊重。男執
  事和女執事同時在托盤上放著餅跟杯,同時分給參加聖餐
  的人。喝過的杯就放在前排椅背的架子裡,事後再一起收
  集。這種方式比較節省時間,尤其是在大教會裡。

THE LAST SUPPER

- 用一首讚美詩結束聖餐禮。讓所有的人以愉快的心情離開教堂，因為他們已經參加了主的聖餐禮，並期盼等候那救主再來、得贖的子民齊聚一堂的日子。

- 儀式結束時通常伴隨著收捐，將捐款用在幫助貧窮的人。主持的牧師要宣布剛才發送奉獻袋的男女執事，將拿著捐款箱站在教堂門口收捐款。

聖餐禮後的責任

聖餐禮之後，男女執事要很慎重地銷毀剩下的聖餐餅和葡萄汁，絕對不可吃喝剩餘之物。所有的器皿、毛巾、桌巾、臉盆，還有其他的用過的東西都要收集起來，洗乾淨放好，以為日後備用。

當聖餐禮結束之後，主領人、男女執事還有一個額外的責任：那就是為生病的或行動不便的信徒舉行聖餐禮。負責的牧師、男女執事應該聚在一起開會安排拜訪及聖餐禮事宜。若覺得這樣行會不切實際，洗腳禮就可以省略了。

食譜

那些負責準備聖餐的男女執事應該記住懷愛倫的建議：「基督仍在那擺著逾越節晚餐的筵席上。逾越節用的無酵餅就在他面前。沒有發過酵的逾越節的酒，也在桌子上擺著。基督用這些象徵來代表自己是毫無瑕疵的犧牲。任何被發酵——罪和死亡的表號——所腐化的東西都不足以代表那『無瑕疵、無玷污的羔羊。』（彼得前書1：9）」——懷愛倫著，《歷代願望》第664頁，2001年版。

「只有未發過酵的葡萄汁和無酵餅，才適用於聖餐聚會，所以在預備這些物品時，必須慎重處理。世上有許多偏遠的地區，可能不容易買到葡萄或葡萄汁或濃縮葡萄汁，所以區會在這方面應加以指導，或幫助他們購辦。」──《教會規程》第 105 頁，2005 年版。

聖餐餅的食譜（50 人份）

- 1 杯全麥麵粉
- 2 茶匙水
- 1/4 茶匙鹽
- 1/4 杯橄欖油或蔬菜油

先熱烤箱到華氏 325 度（攝氏 220 度）。把乾的材料放在一起篩。另一個容器把濕的材料混在一起。然後將水／油倒進乾的材料裡，慢慢地用叉子攪拌直到它變成濕潤狀。**擀**麵糰成一張薄薄的麵皮（把麵糰放在兩張羊皮紙中間**擀**比較容易）。再把麵皮放到塗一層薄油的烤箱紙上。用刀在麵皮上劃上四方格痕。然後輕輕地用叉子在每個小方格中叉一叉，以免在烤成型時產生氣泡。烤約 10 分鐘，常常查看一

下，尤其是在最後3—5分鐘時要多查看幾次，免得烤焦了。
完成後放冷，收在有蓋的盒子裡。

自行製作無酵葡萄酒

選用品質良好的熟葡萄，最好是黑葡萄。將葡萄用溫水
仔細地清洗。用不銹鋼鍋燉煮葡萄，一杯葡萄配兩杯水。當
葡萄煮滾時，把它壓碎如泥狀。用濾網濾出汁來，把濾出來
的汁再倒回鍋裡再煮十分鐘。如果汁太濃稠可以加多點水，
撈去浮沫。放涼了後冷藏起來，以便拿去教會。

結語

當耶穌結束晚餐時，祂立了一個誓約：「我不再喝這葡
萄汁，直到我在我父的國裡同你們喝新的那日子。」（馬
太福音 26：29）使徒保羅提醒歌林多人：「你們每逢吃這
餅，喝這杯，是表明主的死，直等到祂來。」（哥林多前書
11：26）。

這兩段經文賦予主的聖餐之意義，遠超過耶穌在十字架
上所成就的，以及我們今日必須體驗的。主的聖餐是為了提

醒我們如今生活在一個盼望主再來時蒙救贖的團體（社群）裡。這個信仰社群一定要認識到在十字架歷史事件和救主末世再來之間的生活和見證。整個社群堅定地立基於十字架和十字架上盼望基督再來的經歷，祂「擔當了多人的罪，將來要向那等候祂的人第二次顯現，並與罪無關，乃是為拯救他們。」（希伯來書 9：28）

從根基到最終重建的連結，都在於主的聖餐。因此主的聖餐不但連接歷史和現今，更是指向未來那位昔在、今在、永遠常在的主的盼望。主的聖餐是一個提醒：歷史是有意義，生命是有希望的。我們要宣告耶穌就是那希望，救主拯救我們，為我們犧牲，使我們聖潔，要我們合一，不久要來接我們到祂的家，這就是我們一起享用主的聖餐之理由。男女執事一定要牢牢地記住這個偉大的真理。

溫馨提醒

【聖餐禮】

如果可能的話，可嘗試在戶外舉行聖餐禮。大部分耶穌的教導和工作都是在戶外完成的。如果你的教會位於市區，附近的公園或者露營場地也可以是個合適聚會的地方。

在聖誕節舉行聖餐禮，會像在除夕或復活節舉行聖餐禮一樣特別有意義。把聖餐禮成為假日節慶的一部分，也是可以成為很好的傳統。

精心規畫讓新受浸教友的第一個聖餐禮有一個難忘的經驗。確認新受浸的教友受到特別邀請參加，可以送卡片，書籍或其它的紀念品讓他們可以回憶這個特殊的時刻。

偶爾邀請會眾手牽手唱散會詩。

許多教會在散會時收愛心奉獻，以嘉惠於需要經濟資助的教友。初任男執事和女執事可以在散會會眾離席時站在門口收捐。

男女執事在聖餐禮前／後的工作：

❶ 做聖餐餅

❷ 買葡萄汁

❸ 裝滿容器

❹ 整理房間

❺ 幫長老鋪好聖餐桌的桌巾

❻ 兒童故事

❼ 準備特別音樂／獻身經文

❽ 與來賓，或留在教堂裡的人寒暄

❾ 分餅和杯（由按手過的男女執事執行）

❿ 收集和清洗毛巾，把它們放好

⓫ 消毒並弄乾臉盆

⓬ 清洗，弄乾放好聖餐禮用品

⓭ 如果有需要，準備居家聖餐禮的用品

⓮ 處裡沒有使用過的聖餐餅和葡萄汁

（被祝福過的聖餐餅要燒毀或埋起來，葡萄汁要倒在土裡）

⓯ 把桌椅放回適當的地方

執事手冊
Deacon's and Deaconess's Handbook

第 11 章

社群事工

MINISTERING TO THE COMMUNITY

希臘字 diakonia 是男執事 deacon 和女執事 deaconess 的字根，有許多種服務的意思。到目前為止我們已經提過男女執事在地方教會的服事，是為了滿足會眾整體及靈性的需要。這種服事除了界定男女執事在教會的主要角色之外，不要忘了執事的角色還有另一個關鍵元素，那就是：參與並供應各種敬拜者需要的服事。

換句話說，男女執事服事的內涵，通常就定義了他們的事工和職責。我們已看過男女執事屬靈事工帶有特定的責任，如照顧教會在整體及屬靈上的功能，照料教會建築、硬體設備和相應的需要，以及組織聖餐禮和浸禮。

除了這些主要的職責外，男女執事還負責個人佈道工作，使耶穌基督的福音對每一個人的需要，及他們的生命情況有密切的關係。這樣的事工包括上帝恩惠的好管家，關懷貧窮和有需要的人，關懷喪親者和協助探訪事工。

上帝恩惠的管家

男女執事是上帝的管家和僕人。身為管家，他們要認真負責地管理上帝的託付。作為僕人，他們要認識並滿足上帝

大家庭裡的需要，就是進行恩典的事工。沒有一件東西——無論是物資、才幹、責任或服事——是屬於男女執事的。上帝是一切的擁有者，在祂的恩典裡祂呼召他們「為基督的執事，為上帝奧祕事的管家。所求於管家的，是要他有忠心。」（哥林多前書 4：1 － 2）。忠心管家的意思，不只是我們令人信任，而是我們要值得信任。

「當我們接受基督成為我們的救贖主時，我們就是接受了與上帝同工的情況。我們跟祂立約要完全屬於主；要成為基督恩惠忠心的管家，作一個建立在世上祂的王國的工人。每一個跟從基督的人都立志獻上他所有的心智、靈魂和身體給祂，因祂已經為我們付上了代價。因此，我們好似軍人參與了活潑的服事，忍受試煉、羞辱、責難，為信心打美好的仗，跟隨我們救贖的指揮官。」——懷愛倫著，《信息選粹》第二冊，原文第 124 頁。

上帝所交付給男女執事的所有責任裡，沒有一個比成為執行上帝的話及事工的管家更重要了。雖然牧師和長老身負餵養羊群主要的責任，但男女執事也必須小心，使他們的生命和事工不致活在屬靈的真空裡。他們是上帝恩惠的管家，

因此他們自己的生活和事工必須反應在管家的優先順序上。在使徒行傳第 6 章，七個被選出的執事中有兩位是大有信心、聖靈充滿的人。第一位是司提反，他熟知《舊約聖經》，並在聖靈的引導下，最先向早期教會傳講耶穌不僅從死裡復活的道理，而且還「站在上帝的右邊」（使徒行傳 7：55 －56）。第二位腓利也是如此，他被選出來作執事，成為把福音從衣索比亞傳到塞普路斯的器皿。

非比的事工也是如此，超過我們一般所認知的女執事。保羅要求在羅馬的教會「為主接待她，合乎聖徒的體統。她在何事上要你們幫助，你們就幫助她；因她素來幫助許多人，也幫助了我。」（羅馬書 16：2）她身任女執事的工作超過文字所能描寫的。她是上帝多方面恩惠的好管家。

因此，對今日男女執事的挑戰便是：

- 上帝恩惠的管家，並積極參與祂的使命。

- 上帝話語的管家，並照著祂的話說話行事。他們應像腓利一樣擔負任務「把福音傳入新的地區，撒下新的種子。一位時刻把握機會，以溝通信與不信者的天使。」──

懷愛倫著，《你必得著能力》〈9 月 25 日〉第 269 頁，
1998 年版。

- 教會資源的忠心管家。他們應該像使徒行傳所提說的，他
  們「對於個人的需要以及教會的一般經濟收益，莫不予以
  細心的照料；而且由於他們審慎的管理和敬虔的榜樣，他
  們就在使教會各部工作得以聯合起來的事工，成了他們同
  工的重要助手。」——懷愛倫著，《使徒行述》第 69 頁，
  1995 年版。

- 除此之外，執事還有著個人和教會整體的責任：他們應該
  「在教會內盡自己的本分；監督忠心繳納的十分之一有進入
  倉庫。」——懷愛倫著，《給傳道人的證言》原文第 305 頁。

照顧貧窮和有需要的人

照顧貧窮和有需要的人是《聖經》的要求。對信仰的社
群而言，它是我們對上帝的義務。「憐憫貧窮的，就是借給
耶和華；他的善行，耶和華必償還。」（箴言 19：17）詩
人也描寫到上帝是住在祂聖殿裡的那一位，祂是「作孤兒的

父，作寡婦的伸冤者。」（詩篇 68：5）關於這一點，使徒再加更深奧的見解：上帝讓貧窮人在這個世上的角色是「上帝豈不是揀選了世上的貧窮人，叫他們在信上富足，並承受祂所應許給那些愛祂之人的國嗎？」（雅各書 2：5）

對於這些天國的繼承者，教會有一項責任。懷師母說：「當主的窮人被忽略或遺忘了，或被冷淡的態度及殘酷的言語對待時，讓那個有罪的人記住他就是忽略了基督的聖徒。我們的救主關心受苦的人類。就如父母的心對羊群中受苦之人的憐憫心腸，我們救主的心，照樣同情祂地上子民中最貧窮及最低微的。祂把他們放在我們的中間，以喚醒我們心中對受苦及受壓迫之人的愛，並且祂要將祂的審判落在凡是錯待、輕忽、虐待他們的人身上。」──懷愛倫著，《福利事工》原文第 183 頁。

對於窮人和有需要之人，男女執事有提供協助的特別責任。下列是幾項有用的指標：

- 今日的男女執事，有著《聖經》上七個受指派照顧貧窮和有需要的人的執事榜樣（參閱使徒行傳第 6 章），也有

非比的榜樣，她是女執事，「是許多人的助手」，包括使徒保羅（羅馬書 16：2）。

* 「照顧病人和救濟幫助窮苦不幸的人，也是男女執事另一項重要的責任，而且應該向教會報告他們的需要，並爭取教友們的支持。從基金中提出款項用在照顧貧窮和有需要的人身上。在需要的情況下，經堂董會議決後司庫可以把錢撥給男女執事使用。」《教會規程》原文第 78 頁，2015 年英文版。

* 如果可能，男女執事可以和當地的復臨社區服務中心或多加會合作，為需要的人收集、儲存、打包衣物、食品或其他補給品。這個工作需要細心的組織和管理，例如：鎖定需要幫助的對象；評估需要哪方面的協助；實際探訪鎖定協助的對象；分發食物和其他物資；執行後續工作，包括向堂董會報告和建議──所有這些都會影響後續的款項提供。

* 男女執事領導的小組可以著重在特別的關懷事工上。例如：危機事工小組──為那些面臨個人或家人患病、喪親、

分居或離婚、家庭衝突等問題的人；慈善事工小組——建議及執行計畫，幫助那些不能管理自己家庭情況的人；協助就業小組——幫助推介那些失業的人，去就業諮商中心或社區服務中心找工作。

關懷喪親者的事工

「耶穌哭了！」（約翰福音 11：35）。這幾個字描述死亡帶來的悲劇、感傷、情緒崩潰，以及內在的痛苦。即使是叫拉撒路從死裡復活的主，創造生命的主，看到死亡所引起的情緒上的創傷，也忍不住掉下眼淚。我們痛恨死亡，死亡的陰影來臨時，我們卻默默的接受。我們哀悼逝者，又與悲傷者同活。身為上帝家中的一分子，我們被呼召去關心那些失去親人的人。牧師或長老雖是這些悲傷者施以安慰的主要工作者，那麼男女執事又應該做什麼呢？

拜訪家庭
- 盡快地去拜訪這個家庭。不必作任何詳細討論或事先計劃，就是誠摯地表達你們與他們連結在一起，而且表示你已經準備好隨時幫忙。

- 首席男執事應該和牧師／長老研商，執事可以協助的工作：瞻仰遺容、追思禮拜、墓園禮拜等。與牧師／長老確認後，相關執事們就要負責必要的跟進工作。

- 首席女執事，本人或同儕，應該安排送花到喪家。

- 提供喪家任何需要的教會協助，如通知親朋好友，接聽電話，把孩子暫時安置於教友家中照顧，提供食物，或者打掃房間。拜訪者必須帶著耶穌服事的精神，提供協助，但事先需要得到喪家的同意。

協助瞻仰遺容

- 瞻仰遺容通常由喪家安排，舉行地點可在殯儀館或教堂。男女執事要注意安排的細節，以及準備好隨時幫忙。

協助追思禮拜

- 了解喪家對葬禮的計劃，和負責禮拜的牧師／長老密切地合作。男女執事要準備好隨時提供喪家，葬禮總策劃，或牧師／長老的協助要求。他們可以當護柩者、招待員或捧花者。

- 準備隨時協助喪家在墓園的需要，特別是那些很悲傷的人，也要留心在墓園需要協助的長者和幼童。

- 女執事可安排或協助供應餐食事宜，假如喪家已經有計劃，可以去協助食物準備事宜。男執事可以去關照其他需要的安排。

探訪事工

　　耶穌在世的時候，為我們立了一個探訪的榜樣。祂探訪彼得的家，並且醫好了他岳母的病（馬可福音 1：29 － 31）。在迦拿的婚宴上，祂解決了他們的危機，門徒就相信了祂（馬可福音 2：1 － 12）。祂去睚魯的家，把他死去的女兒救活了（馬可福音 8：49 － 56）。祂去探訪馬大、馬利亞和拉撒路把救恩和復活帶到這個家庭（路加福音 10：38 － 42；約翰福音 11 章）。只要有機會，祂就會去拜訪法利賽人的家（路加福音 11：37；14：1）。祂去撒該家拜訪，使撒該悔改（路加福音 19：1 － 10）。祂去以馬忤斯一個家庭拜訪，再次點燃了兩個門徒的信心（路加福音 24：13 － 32）。

「我們的救主也曾挨家挨戶，醫治病人，安慰悲傷的人，撫慰痛苦的人，並對憂鬱的人說平安的話。祂把小孩抱在懷裡，為他們祝福，並對那些困乏的母親說出希望和安慰的話。祂存著無盡仁慈及溫柔的心，應付人類種種的患難艱苦。祂勞碌不是為自己，乃是為別人。祂是眾人的僕人。祂的食物就是將希望及力量賜給凡祂所接觸的人。」──懷愛倫著，《傳道良助》第 188 頁，1986 年版。

今日的男女執事不是應該追隨祂的榜樣嗎？

再者，基督以審判的比喻告訴我們，照顧窮人、探訪生病的，還有下監牢的人，有極大的福氣：「你們這蒙我父賜福的，可來承受那創世以來為你們所預備的國；因為我餓了，你們給我吃，渴了，你們給我喝；我作客旅，你們留我住；我赤身露體，你們給我穿；我病了，你們看顧我；我在監裡，你們來看我。」（馬太福音 25：34 － 36）。

使徒雅各是在使徒行傳第 6 章，提到第一批被選的七個執事中的一位，他告訴我們：「那清潔沒有玷污的虔誠，就

是看顧在患難中的孤兒寡婦，並且保守自己不沾染世俗。」
（雅各書 1：27）

如何使探訪成為「清潔沒有玷污的虔誠」的一部分？簡
述如下：他將上帝大能的信息傳達給祂所關心的那些生病、
受傷、孤單沮喪的傷心之人，而且與上帝連結，並盡可能的
保持那份連結。探訪也表明受訪的人——無論他們景況如何
——在上帝眼裡以及對信仰社群都是非常寶貴的。「神就是
愛」和「祂的教會是關懷的教會」，這些信息應該傳達給那
些見證的人。「那最能使人靈力增高、感情變得熱誠深切的，
無過於去拜望及服務那些有病的及沮喪的人，幫助他們重見
光明及緊緊地信靠耶穌。」——懷愛倫著，《基督徒服務大全》
第 132 頁，1995 年版。

雖然探訪整體而言是地方教會的責任，包括牧師和長老，
但此處我們著重的是男女執事的服事。他們有義務組織探訪
事工，主動關懷教友、新受洗的、信心軟弱的人、年長者、
生病的和身體虛弱的、喪親的和行動不便不能出門的人等，
使這些拜訪成為祝福。

組織探訪事工

● 一個有效果的事工，要指定一個人來負責組織所有的探訪。
依教會的大小，這個人可以是牧師，專責拜訪的牧師、長
老，或由堂董會指派的男執事或女執事擔任探訪委員會的
主席。

● 主席藉著其他男女執事們的協助，可以根據教友住的地區
分配人去拜訪，每一區都要派專人。探訪也可以依類別來
分，例如：獨居的年長者、行動不便不能出門的、生病住
院的、居家臥床的，尤其是長期生病的、喪親的人。經歷
個人或家庭危機的人、囚犯、或有個別要求輔導、查經、
希望牧師去拜訪、特別事工需要的、即將要受洗的或要求
轉移教友名籍等等。

● 主席要保有所有探訪需求的登記簿，是由需要探訪的對象
自己、或是經由建議可以因此事工受益的人所提出的。無
論是哪一種情況，被指派要去拜訪的人，都要事先和受訪
者或家庭連絡，確認安排拜訪的時間。

- 登記簿可以用幾個方法準備：安息天早上把探訪需求卡放在招待桌上，可由需要者自己填寫，或代那些需要被拜訪的人填寫，寫完就可以留在桌上；執事或長老收到這些需求，就交給負責登記的人或紀錄來電需求者。

- 主席要定期與男執事、女執事檢討探訪記錄，並且分派對特定個人的探訪。要小心避免重覆分派及探訪，此外探訪要有摘要記錄。

- 拜訪盡可能地按照排定的時間，以節省時間，也要配合受訪者的方便及計畫。拜訪不應該被視為是過度焦慮的教會人士所逼著要做的事。

- 拜訪盡可能是兩個同性別的人一組，除非兩人是夫婦。夫婦，一個長老和見習者，或者一個男執事或女執事加上一個成熟且性別相同的教友，都是好的組合。

使拜訪成為一種祝福

拜訪行程不應變成八卦大會，把教會的活動、教友、及領袖當成對象。不要用輕浮的態度談話，悖離原來拜訪的主

要目的，就是要成為受訪的個人及家庭的祝福、安慰及確據。
「只有基督的方法，能真正的感動人。救主與人一同生活，
作一個為人群謀福的人。祂向人表同情，供給他們的需要，
以此博得他們的信仰……用各人的功夫與人接觸聯絡，這是
少不了的工作……困苦之人極待人去解救；患病之人需要照
顧；憂悶傷心者需要安慰；愚昧無知者需要教導；缺少經驗
者需要指示。我們要與哀哭的人同哀哭，與快樂的人同快
樂。這種工作若能具有勸導的能力和祈禱而來的能力，以及
上帝之愛的能力，就不愁沒有功效，也絕不會沒有功效的。」
——懷愛倫著，《健康之源》第 124 頁，1999 年版。

　　使拜訪成為祝福的七個步驟：

- **準備**。求上帝帶領你所說的話，成為受訪家庭或個人的祝
  福。選應許的章節，比如：詩篇 46 篇；103：1 － 5；
  121 篇；馬太福音 11：28 － 30；約翰福音 14：1 － 3；
  及啟示錄 21：1 － 7。

- **成為朋友**。要容易親近，且在交談中納入家庭的每一分子
  ——只要他們肯參與。正面談論他們的家人、家庭、環境
  等。當他們在講他們的興趣時，要專注地傾聽。

- **讀經**。交談幾分鐘後，可以自然地開一個頭時，就轉向屬
  靈方面的話題。時機恰當時，讀或解釋一個《聖經》章節。
  討論最好不要超過一或兩分鐘。

- **詢問**。問他們有沒有要代禱的事項，這讓他們可以表達他
  們所關切和感興趣的事情。這個時候若有特別針對他們所
  關心的事情，《聖經》章節就會很有幫助了。要記住，拜
  訪的目的是表達關心而非提供解答。

- **禱告**。如果合適，跪下禱告，而且邀請大家一起來禱告。
  為剛剛提出的事項特別禱告。在禱告中也要提到不在場的
  家庭成員，並且為這個家庭祝福。

- **離開**。趁禱告的屬靈氣氛還在時趕快離開。多數的情況，
  探訪時間不要超過 30 分鐘。留下一些東西讓他們對探訪
  有愉快的回憶，例如音樂、書本、書籤、安息日學課、上
  週教會週報，如果合適，一些食品或者小禮物。除此以
  外，最重要的是離開時要以親切的態度道別。

● **記錄**。拜訪之後，要有一個書面的摘要，包括參與者的姓名，記下這個家庭所關切的事情，還有你自己的感想。往後再度拜訪提到這些細節時，可以表達對這個家庭誠摯的關懷。——參閱《長老手冊》第 158 － 160 頁，1995 年版。

不同類型的拜訪

除了探訪事工及如何使這事工成為祝福適用的一般組織原則外，男執事及女執事要知道有關復臨教會現行七種探訪的原則。

（一）拜訪教友

【目的】

● 表明教會對他們的關心及隨時為他們的需要服務。

● 了解教友和他們的家人有什麼興趣和才幹，讓這些才幹能夠豐富教會的生活。

【如何拜訪】

● 告訴這位教友他對上帝和教會的重要性。

- 唸一個《聖經》章節，並簡要解說。
- 鼓勵他們參加崇拜聚會和其他的聚會。提醒他們教會可提供的豐富屬靈及獻身生活的資源，如：各類書刊、晨鐘課、安息日學課、預言之靈的書籍、復臨雜誌和福音小冊等。
- 邀請全家為教會和事工禱告，以這個家庭和他們對教會的貢獻禱告作為結束。

【有用的指引】

- 按照排定的時間探訪家庭。
- 探訪時間要短。屬靈導向拜訪最多不要超過 30 分鐘。
- 禱告前，一定要問有沒有特別需要代禱的地方。
- 談話儘量避免無建設性或膚淺的話題。
- 若情況或問題複雜，最好安排牧師或長老去拜訪。

【探訪時建議使用的《聖經》章節】

羅馬書 8：38 － 39；腓立比書 3：13；14：13；歌羅西書 3：16 － 17；彼得後書 1：3 － 4；約翰一書 5：4。

（二） 拜訪剛受洗的教友

【目的】

- 強調教會對他們信仰和參加聚會的關心。
- 堅固他們基督徒經歷的成長，並提供達到這個目標任何可能的幫助。
- 和他們一起研究《聖經》的豐富內容，幫助他們成為有果效的見證者。

【如何拜訪】

- 講述經常聚會的重要性。
- 鼓勵個人讀經和家庭禮拜。
- 參加並示範如何家庭禮拜。
- 教導他們如何遵守安息天。
- 唸一段經文並作簡短的分享。
- 協助澄清教義或生活方式的問題。
- 一起禱告，並試著讓全家一起參與禱告。

【有用的指引】

- 按照排定的時間表去探訪家庭。

- 探訪時間要短，屬靈導向的拜訪不需要太長。
- 禱告前，一定要問有沒有特別要代禱的地方。
- 談話儘量避免沒有建設性或膚淺的話題。

【探訪時建議使用的《聖經》章節】

　　詩篇 23；37：3 − 5；40：1；119：105；腓立比書 4：6 − 7；帖撒羅尼迦前書 5：17；希伯來書 10：25。

（三）　拜訪信心軟弱的人

【目的】

- 奮興他們的信心及屬靈的熱忱。
- 鼓勵他們無論如何都要信靠上帝。

【如何拜訪】

- 講述《聖經》在我們屬靈生命中的大能。
- 鼓勵他們每日讀經。
- 強調個人靈修的重要。
- 讀一段有鼓勵性的《聖經》章節，簡短分享如何堅固信心。
- 和他們一起禱告。

【有用的指引】

- 避免批判和輕視的談話，信仰上的指責或威嚇不會帶來正面效果。
- 留下一些合適的書報。
- 不要問像「你有沒有犯嚴重的罪？」這類的問題。
- 假如那個人自己講出他靈性冷淡的原因（犯罪、失望、灰心，對上帝或對教會等），試著幫助及參與他們對屬靈意義的追求。絕對不要批判。

【探訪時建議使用的《聖經》章節】

詩篇 34：18 － 19；51：10，12；84：1 － 2；箴言 2：1 － 5；耶利米書 15：16；馬太福音 11：28 － 30；希伯來書 4：15 － 16；10：25；約翰一書 2：1。

（四）拜訪年長的人

【目的】

- 表達教會關切他們，對他們的生活很關心。
- 提供他們需要的協助。
- 提供屬靈上的支持、安慰，灌輸對主耶穌很快再來的盼望。

【如何拜訪】

- 講述佳美往事；愈年長的人愈願意分享上帝如何帶領他們的過往。
- 如果合適的話，拜訪時唱一些讚美的詩歌。
- 唸一些《聖經》章節。
- 談論在主的道路上的信心和忍耐。
- 試著找出任何可以由教會提供的特定需求。

【有用的指引】

- 說話要清晰，聲音夠大讓對方聽得見。
- 稱讚長者的經驗傳承及智慧對家庭、教會、社會的重要性。
- 假如有機會唱詩，徵詢他們最愛唱的詩歌。
- 徵詢是否希望未來再訪，按照表達的意願，邀請別人一起加入拜訪。
- 是否有什麼特別的方式，可使他們願意參加教會的活動。

【探訪時建議使用的《聖經》章節】

詩篇 27：1；62：5－6；以賽亞書 25：9；約翰福音

14：1 － 3；希伯來書 10：35；彼得後書 3：13；啟示錄 2：
10；11：15；22：20。

（五）探訪生病和身體軟弱的人

【目的】

- 表達教會關心他們的身體健康。

- 和他們一起禱告，並祈求上帝醫治和力量。

- 鼓勵他們繼續信靠並跟從上帝。

【如何拜訪】

- 談論有關喚醒希望、信心和平安等令人鼓舞的話題。

- 對患者的復原表達樂觀的態度。

- 讀經。

- 對他們的病不要有悲觀的言論。

- 不要隨便批判他們所接受的專業治療。

- 試著找出任何可以由教會協助的特別需求。

- 問他／她們除了早日康復之外，還有什麼特別需要代
  禱的。

- 為患者恢復健康和整個家庭的需要禱告事項。

【有用的指引】

- 醫院探訪，要事先查明開放探病時段，確定探訪計畫是在開放時段內。

- 確認對患者的探訪有無任何限制，不要忽視醫院的規定和醫囑。

- 只需停留幾分鐘，患者也許在等待或期望別人的探訪，這些人也許因為你們在病房而不能進來。

- 不要給病人任何醫療的建議。

- 避免追問病情和治療的情況，這是醫生的工作。焦點放在探訪的屬靈目的上。

- 如果病房裡面有其他的病人，提議和他們一起禱告。

- 留下一些教會書報。

- 詢問是否接受教會其他人的探訪。

【探訪時建議使用的《聖經》章節】

約翰福音 14：16；詩篇 23 章；羅馬書 8：26 – 28，38 – 39；啟示錄 21：4。

（六）探訪行動不便或獨居的人

【目的】

- 表達基督徒的情誼、關注和關心。
- 代表地方教會牧養。

【如何探訪】

- 講述他們對上帝和教會的重要。讀經、短講。
- 鼓勵他們參加崇拜聚會和教會的活動。
- 假如教會在網路上有播放證道，或者有影音節目，可以教他們怎麼操作觀看這些節目。
- 假如他們可以收聽或收看復臨廣播或電視頻道，確定他們有播出的時間表而且知道如何收聽收視。
- 和他們一起禱告。

【如何拜訪】

- 不要給受訪者獨居不正常的印象。有人獨居是因為特殊的情況，其他則是對生活單純的選擇。
- 如果是獨居或單身的話，要避免論斷。
- 待他們像教會任何教友一樣。

【探訪時建議使用的《聖經》章節】

詩篇 25：16 － 18；68：4 － 6；133：1；馬太福音 28：29；約翰福音 14：18；希伯來書 13：5 － 6。

（七）探訪喪家

追思禮拜後幾日內就安排探訪。外地的親友在喪葬事宜結束之後，可能都已離開返家了。喪親的人通常最感到傷心難過之時，就是大家都離開、深覺最孤單的時候。這個時候，教會特別是男女執事可以提供有果效的事工。

【目的】

- 對他們的失去親人表達同情。
- 鼓勵他們將他們的信心和依靠放在上帝的手中。

【如何拜訪】

- 講述上帝的同在，還有聖靈可以賜給我們力量克服傷心和寂寞。
- 講述上帝應許我們有一天會免於罪和死亡。目前我們只要相信，接受並信靠主。
- 禱告，祈求上帝安慰整個家庭。

【有用的指引】

- 提供家庭雜務的協助。

- 提供任何需要的協助；假如他們提出要求，跟首席女
  執事報告，她或許能安排這類的協助。

- 留下電話號碼和（或）電郵地址，讓他們知道如果他
  們需要隨時可以連絡到你們。

- 留意逝者一生的特殊日子，如生日、週年記念日或者
  對這個家特別有意義的日子。在這些日子與他們連繫
  是很好的。

【探訪時建議使用的《聖經》章節】

以賽亞書 26：3 － 4；約翰福音 11：25 － 26；哥林
多前書 15：50 － 55；帖撒羅尼迦前書 4：13 － 18；啟示
錄 21：1 － 4。

結語

男女執事的事工在教會內和在教會外同樣重要，在教會
內執事忙於維護教會的產業，和使所有的崇拜聚會及相關活
動都順利進行，在教會外他們有責任成為上帝恩惠的好管家

──照顧貧窮人和有需要的人，探訪那些需要鼓勵、安慰的
人。因此，他們對教會的服事不只重要，還不可或缺。

　　懷師母對教會外事工的勉言，對男女執事們要做的工作
是一個鼓勵：「那些參加挨家挨戶工作的人，將發現許多機
會為人作各方面的服務。他們應當為病人祈禱，及應當盡自
己一切的力量來解除人們的痛苦。他們應當為卑微、窮苦、
及受壓迫的人們做工。對於那些沒有意志能力來控制那已被
情慾敗壞之食慾的可憐人，我們應當為他們禱告及同他們禱
告。應當為那些在心中發生興趣之人們的得救，作懇切不倦
的努力。許多人只有藉著無私仁愛的行為才能接近。他們的
肉身需要，必須先予解決。當他們見到我們無私之愛的憑據
時，就必更易相信基督之愛。」──懷愛倫著，《基督徒服
務大全》第 113 － 114 頁，1996 年版。

溫馨提醒

【與社區結合】

來賓參加聚會時，也把聚會時間表和地址給他們，包括地圖和電話號碼，這對他們會很有幫助的。此外，附上最新的教會信息，裡面有所有的活動細節。當你再次去拜訪時，人們對教會很可能就會有回應。舉辦聯誼會，特別邀請住在教會附近的新朋友，一同體驗你的友誼和溫暖。在現今的文化中，聯誼佈道是教會增長的最佳方法之一。

當新朋友來參加你的教會幾次之後，邀請他們參加由固定教友舉辦的聯誼聚餐。主持人也邀請牧師和長老參加，讓新朋友知道有教會領袖願意隨時傾聽他們的需要。為了使客人感覺更自在，邀請比現有教友更多的新朋友。請教他們對一些問題的回饋，如：是什麼吸引你來這所教會？是什麼再把你帶回教會來？什麼對你來說是很重要的？你需要什麼？

一個新生嬰兒的誕生對很多家庭來說不僅是個令人興奮的時刻，也是很有壓力的，因為它會帶來許多的改變。「歡

溫馨提醒

迎寶寶」是一個特別針對輔導新手父母，並鼓勵他們、養育
他們的孩子愛及服事上帝的節目。

當生老病死的循環持續進行時，教會在這個支離破碎的
世界能成為支撐的因素。當某個教會大家庭成員過世時，牧
師通常會是第一個被通知的人。然後牧師會聯絡當月輪值的
首席男執事或女執事，採取適當的行動來關懷該家庭的需
要。如果有男執事或女執事跟這個家庭比較親近，他可以立
刻去拜訪他們，看看有沒有任何特別的需求，例如：有外地
的親戚或朋友要來嗎？他們需要住宿或食物嗎？這個家庭需
要有關事宜的協助嗎？他們希望在追思禮拜時有人幫忙照顧
家裡嗎？需要有人照顧小孩嗎？你的教會要準備紀錄及協調
這些資料的表格。

如果可能的話，帶食物到喪家時應該用免洗餐盤，這樣
喪家就不必擔心清洗或歸還盤子的事。如果在教會或其它地
方提供餐點，女執事可以把會場佈置地高雅，讓人有舒服的
感覺，並以親切的態度為喪家服務。

　　然而，對這個家庭最關鍵的時刻，就是當親戚朋友紛紛離去之後。這就是教會在他們孤單悲傷的時刻真正成為支持他們需要的家。事後關懷也不可以隨意。喪親後約一年內，男執事和女執事可安排一個計劃表，包括拜訪、提供所需的居家修繕、聚餐、電話或電子郵件聯繫等。請記住，節假日通常是這些居喪者感傷的時刻。在生日和週年紀念給予特別關心，可以格外增加情誼。

結論

CONCLUSION

「教會乃是上帝為要拯救人類而設的機構，它是為服務
而組織的，它的使命乃在將福音傳遍天下。上帝從起初就已
計劃要藉祂的教會，向世人反映出祂的豐盛與完全。」──
懷愛倫著，《使徒行述》第 3 頁，1995 年版。

作為早期教會組織的一部分，使徒在聖靈的引導下，設
立的第一個教會職分就是執事的職分。使徒行傳第 6 章見證
了這個組織並記錄它的成果：「上帝的道興旺起來；在耶路
撒冷門徒數目加增的甚多，也有許多祭司信從了這道。」（使
徒行傳 6：7）

從此，男女執事成為教會事工很重要的一部分。他們在
信仰社群內，對特別事工的監管，證明了對教會的增長和對
外宣教是一個極大的祝福，同樣的，即在今日男女職事的重
要性也不可被低估。

從第一位當執事及第一位殉道者的司提反（使徒行傳 6：
5；7：59 － 60），到被保羅讚賞要以「合乎聖徒的體統」
接待的第一位女執事的非比（羅馬書 16：2），到全世界大
型教會及小型家庭教會裡，數以萬計默默推動聖工的男女執

事，這世上事工的進展和對上帝之殿的維護，就在他們虔敬的心和服事的手中。

藉由他們，上帝「要今日在辦理教會的各項事務上正如古時一樣，必須遵守秩序和規律。祂希望祂的工作縝密而正確地向前推進，得蒙祂的嘉納認可。基督徒與基督徒，教會與教會，都要聯合一致，人的方法當與神的大能合作，一切運作都馴服於聖靈之下，大家聯合一致將上帝恩惠的佳音傳給世人。」——懷愛倫著，《使徒行述》第 79 頁，1995 年版。

對於這些男女執事們，上帝說：「你當認識耶和華——你父的上帝，誠心樂意地事奉祂；因為祂鑒察眾人的心，知道一切心思意念。你若尋求祂，祂必使你尋見；你若離棄祂，祂必永遠丟棄你。你當謹慎，因耶和華揀選你建造殿宇作為聖所。你當剛強去行。」（歷代志上 28：9－10）

溫馨提醒

【 關懷教牧同工 】

關懷你的教牧同工之時代已經來臨了！在現今的社會中，人們對牧師的時間和精力的需要是龐大的。跟任何人一樣，你的牧師也會從教友表達感謝的話語和行動中受到鼓勵。每年十月被訂為「牧師感謝月」。在聚會時花幾分鐘感謝你的牧師為你的教會所付出的心力是個很恰當的時機。邀請牧師的家人一起到台前來，表達你們對他們做牧師支柱的感激是一個好的方法。贈送實質的禮物，如鮮花或他最喜好的餐廳餐券或者圖書禮券，都是表達感謝的好方法。也記得慶祝牧師到你的教會來牧會的週年紀念。例如：「這個月是你來牧會的第三年。我們要感謝你的獻身服事！」

國家圖書館出版品預行編目資料

執事手冊：基督復臨安息日會全球總會傳道協會 ——
初版. —— 臺北市：時兆, 2017.01
　　面；　　公分——

ISBN 978-986-6314-68-1（平裝）
1. 神職人員

247.4　　　　　　　　　　　105019961

執事手冊
Deacon's and Deaconess's Handbook

作　者	基督復臨安息日會全球總會傳道協會
譯　者	胡宗怡

董 事 長	李在龍
發 行 人	周英弼
出 版 者	時兆出版社
客服專線	0800-777-798
電　話	886-2-27726420
傳　真	886-2-27401448
地　址	台灣台北市10556松山區八德路2段410巷5弄1號2樓
網　址	http://www.stpa.org
電　郵	service@stpa.org

主　編	周麗娟
校 對 者	陶憲民、林思慧
審 訂 者	沈金義
封面設計	時兆設計中心、邵信成
美術編輯	時兆設計中心、馮聖學
法律顧問	宏鑑法律事務所　TEL：886-2-27150270
基督教書房	基石音樂有限公司 TEL：886-2-29625951

網路商店	http://www.pcstore.com.tw/stpa
電子書店	http://www.pubu.com.tw/store/12072

I S B N	978-986-6314-68-1
定　價	新台幣180元
出版日期	2017年1月　初版1刷